A LIBRARY OF
DOCTORAL
DISSERTATIONS
IN SOCIAL SCIENCES IN CHINA

中国
社会科学
博士论文
文库

# 一面司法领域的多棱镜：
# 社会学视角下的法官素质

A Ribbed Mirror in Judicial Field
Quality of the Judges from the Perspective of Sociology

陈洪涛　著

导师　范　愉

中国社会科学出版社

图书在版编目（CIP）数据

一面司法领域的多棱镜：社会学视角下的法官素质/陈洪涛著.—北京：中国社会科学出版社，2015.9
（中国社会科学博士论文文库）
ISBN 978 - 7 - 5161 - 6948 - 3

Ⅰ.①—…　Ⅱ.①陈…　Ⅲ.①法官—素质—研究—中国
Ⅳ.①D926.2

中国版本图书馆 CIP 数据核字（2015）第 237464 号

| | | |
|---|---|---|
| 出 版 人 | 赵剑英 | |
| 责任编辑 | 田　文 | |
| 特约编辑 | 丁　云 | |
| 责任校对 | 张爱华 | |
| 责任印制 | 王　超 | |

出　　版　中国社会科学出版社
社　　址　北京鼓楼西大街甲 158 号
邮　　编　100720
网　　址　http://www.csspw.cn
发 行 部　010 - 84083685
门 市 部　010 - 84029450
经　　销　新华书店及其他书店

印　　刷　北京君升印刷有限公司
装　　订　廊坊市广阳区广增装订厂
版　　次　2015 年 9 月第 1 版
印　　次　2015 年 9 月第 1 次印刷

开　　本　710×1000　1/16
印　　张　12.5
插　　页　2
字　　数　212 千字
定　　价　48.00 元

# 总　序

在胡绳同志倡导和主持下，中国社会科学院组成编委会，从全国每年毕业并通过答辩的社会科学博士论文中遴选优秀者纳入《中国社会科学博士论文文库》，由中国社会科学出版社正式出版，这项工作已持续了12年。这12年所出版的论文，代表了这一时期中国社会科学各学科博士学位论文水平，较好地实现了本文库编辑出版的初衷。

编辑出版博士文库，既是培养社会科学各学科学术带头人的有效举措，又是一种重要的文化积累，很有意义。在到中国社会科学院之前，我就曾饶有兴趣地看过文库中的部分论文，到社科院以后，也一直关注和支持文库的出版。新旧世纪之交，原编委会主任胡绳同志仙逝，社科院希望我主持文库编委会的工作，我同意了。社会科学博士都是青年社会科学研究人员，青年是国家的未来，青年社科学者是我们社会科学的未来，我们有责任支持他们更快地成长。

每一个时代总有属于它们自己的问题，"问题就是时代的声音"（马克思语）。坚持理论联系实际，注意研究带全局性的战略问题，是我们党的优良传统。我希望包括博士在内的青年社会科学工作者继承和发扬这一优良传统，密切关注、深入研究21世纪初中国面临的重大时代问题。离开了时代性，脱离了社会潮流，社会科学研究的价值就要受到影响。我是鼓励青年人成名成家的，这是党的需要、国家的需要、人民的需要。但问题在于，什么是名呢？名，就是他的价值得到了社会的承认。如果没有得到社会、人民的承认，他的价值又表现在哪里呢？所以说，价值就在于对社会重大问题的回答和解决。一旦回答了时代性的重大问题，就必然会对社会产生巨大而深刻的影响，你也因此而实现了你的价值。在这方面年轻的博士有很大的优势:精力旺盛,思想敏捷,勤于学习,勇于创新。但青年学者要多向老一辈学者学习,博士尤其要很好地向导师学习,在导师的指导下,发挥自己的优势,研究重大问题,就有可能出好的成果,实现自己的价值。过去12年入选文库的论文,也说明了这一点。

什么是当前时代的重大问题呢?纵观当今世界,无外乎两种社会制度,一种是资本主义制度,一种是社会主义制度。所有的世界观问题、政治问题、理论问题都离不开对这两大制度的基本看法。对于社会主义,马克思主义者和资本主义世界的学者都有很多的研究和论述;对于资本主义,马克思主义者和资本主义世界的学者也有过很多研究和论述。面对这些众说纷纭的思潮和学说,我们应该如何认识?从基本倾向看,资本主义国家的学者、政治家论证的是资本主义的合理性和长期存在的"必然性";中国的马克思主义者,中国的社会科学工作者,当然要向世界、向社会讲清楚,中国坚持走自己的路一定能实现现代化,中华民族一定能通过社会主义来实现全面的振兴。中国的问题只能由中国人用自己的理论来解决,让外国人来解决中国的问题,是行不通的。也许有的同志会说,马克思主义也是外来的。但是,要知道,马克思主义只是在中国化了以后才解决中国的问题的。如果没有马克思主义的普遍原理与中国革命和建设的实际相结合而形成的毛泽东思想、邓小平理论,马克思主义同样不能解决中国的问题。教条主义是不行的,东教条不行,西教条也不行,什么教条都不行。把学问、理论当教条,本身就是反科学的。

在21世纪,人类所面对的最重大的问题仍然是两大制度问题:这两大制度的前途、命运如何?资本主义会如何变化?社会主义怎么发展?中国特色的社会主义怎么发展?中国学者无论是研究资本主义,还是研究社会主义,最终总是要落脚到解决中国的现实与未来问题。我看中国的未来就是如何保持长期的稳定和发展。只要能长期稳定,就能长期发展;只要能长期发展,中国的社会主义现代化就能实现。

什么是21世纪的重大理论问题?我看还是马克思主义的发展问

题。我们的理论是为中国的发展服务的，决不是相反。解决中国问题的关键，取决于我们能否更好地坚持和发展马克思主义，特别是发展马克思主义。不能发展马克思主义也就不能坚持马克思主义。一切不发展的、僵化的东西都是坚持不住的，也不可能坚持住。坚持马克思主义，就是要随着实践，随着社会、经济各方面的发展，不断地发展马克思主义。马克思主义没有穷尽真理，也没有包揽一切答案。它所提供给我们的，更多的是认识世界、改造世界的世界观、方法论、价值观，是立场，是方法。我们必须学会运用科学的世界观来认识社会的发展，在实践中不断地丰富和发展马克思主义，只有发展马克思主义才能真正坚持马克思主义。我们年轻的社会科学博士们要以坚持和发展马克思主义为己任，在这方面多出精品力作。我们将优先出版这种成果。

2001 年 8 月 8 日于北戴河

# 自　序

　　这部著作实则是九年前的一篇旧作，亦即我的博士论文。这是一篇迄今为止最费心力的作品。为撰写博士论文，我经历了当时倍感艰难但事后觉得非常值得的过程。我常给准备撰写博士论文的学生讲，博士论文的写作无疑是一场需长途跋涉的精神苦旅，其间必要经过憧憬希望和苦痛挣扎，最终才有可能瓜熟蒂落、水到渠成，这恰如一个婴儿在腹中孕育、十月怀胎，最后呱呱落地。

　　毕业后，曾下决心将此论文修改并择机出版。熟料，此事却一拖再拖。近十年中，自己在学习和研究的道路上一直在努力之中，从未停下脚步。从法学到公共管理学、从公共管理学再到社会学，最终落脚于社会工作专业，横跨好几个学科，实属不易。虽然写完这篇论文的前几年，我将其中的很小篇章整理后以论文形式发表过，但后来尤其是近六年以来，我主要将精力聚焦于当下中国专业社会工作的发展方面。因此，有一段时间我是准备将这篇作品永放箱底，不示于人的。我认为自己从事社会工作领域的工作，司法领域的问题已经不再是自己的研究主业，与现在的工作"无关"，我要全心全意投身于目前的职业生涯中，不想再花更多的精力和时间去从事与目前职业关联不大的工作。

　　有了这个念头之后，我在心里感到很遗憾，但自己安慰自己说，这权当是我的学术能力得以质变的习作，其价值就是让我懂得如何做学问，真正迈入了学术门槛。当我已经几乎忘记了这篇旧作时，党的十八大召开，之后中央一再强调法治的重要性，启动了新一轮司法改革，这不能不引起我的关注。虽然这些年的工作与司法尤其是法院并无交集，但对于这一领域的情况我并非完全不关心。当时之所以下那么大决心，花那么大功夫，乃源于我的学术判断：中国社会要想真正长治久安，除其他诸多要素外，现代法官制度的建立和完善是重中之重。现在回想起来,从自己立志于学术之始,我一直聚焦于社会秩序、稳定与和谐这一主题,这些年我关注的法治、司法改革、社会治理以及专业社会工作本土化等问题均围绕其展开。本书即是对此的践行。法官素质这一问题在司法(法院)领域可谓一面多棱镜,折射出法院改革面临的多方面问题,换言之,每轮司法改革都绕不开法官素质问题。这一问题在一定时期内也是社会关注的热点问题,但如何准确界定与分析这一问题、揭示其背后的成因以及提出解决思路,此前在学界尚无全面深入的解答。本书借鉴涂尔干的社会事实理论,将法官素质作为一种"社会事实"加以研究,提出法官职业标准和法官外部评价标准这一二元标准分析框架,对这一看似理不清说不明的问题进行了厘清,并在此基础上考察了我国法官素质的历史起源和建设过程,尝试从法官素质这一维度对我国现代法官制度建构与完善提出建议。当然,回看本书,严格意义上确实是一篇习作,无论从研究方法还是数据等方面,均存在可大幅度改进的空间。本想借这次出版之机将一些数据和资料添加进去,但时过境迁,很多资料难以搜集,同时现在的工作也容不得自己抽出过多时间进行完善,最终不得不以鲁迅先生的"不惮少作"的心态,除行文的错别字外,不再修改。在新一轮的司法改革中,本书提出的某些思路和观点如能有稍许助益,便是对作者最大的安慰了。

从法学、管理学、社会学到社会工作,一路走来,让我有了更多的视角立体审视诸多社会问题。在我看来,法官素质问题乃至其他当下多种具体社会问题,从大历史的角度看,无不是我国经济社会整体现代化过程中某一侧面的投射,进而言之,只有我国经济社会各个具体部分实现现代化,整体全面现代化才能到来。而在此过程中,非但法官素质,包括其他种种具体问题,其解决之道不外乎两个方面的努力:一是具体领域内部的努力,如法官群体自身的能力建设;二是外部力量的努力,如法官职业外部包括整个社会对法官的理解与支持。只有内外部力量共同努力,面临的具体问题方有可能得以解决。

经过百年来的风风雨雨,我们伟大祖国的复兴已不再遥远。而在此时,正要求我们每个人都要努力把自己可以做好的事情做好。唯能如此,这些努力点滴累积,汇成江海,最终将会成为实现中国梦的最持久、最强大的推动力。

# 摘　　要

　　近年来法官素质问题成为中国法院、法学界乃至社会关注的焦点。纵观社会各界对法官素质问题的认识，可发现"法官素质低"已成为常识性命题。这一认识导致社会对法官公信力怀疑乃至否定。而法官作为现代社会纠纷最终的裁判者，如果在大众心目中缺乏权威，其裁判结果便难于为社会所接受。事实上，近年来法院工作报告与相关文件内容，始终贯穿这样一种基本思路：法官素质整体偏低，已成为法院改革的瓶颈。在社会转型时期，此问题能否解决成为法院定纷止争这一司法功能能否充分发挥的关键。但如果追问，会发现"法官素质低"这一似乎不证自明的常识性命题背后其实存在诸多问题需要研究，如，法官素质低这一认识始于何时？社会何以这样认为？法官素质究竟包括什么？——专业素质、道德素质还是其他？判断法官素质高低的标准是什么？——大学学历、法律专门教育、司法职业经验、还是判决得到当事人的肯定？这一问题是中国特有还是各国皆有？其实质是什么？又如何解决？事实上，"法官素质低"引发的上述"问题群"迄今为止并未得以深入研究。本文以此为研究的出发点，试图对这些问题有所探究。

　　全文共分七部分。

　　前言部分从"当代中国法官素质低"这一社会事实出发，分析这一事实背后所蕴涵的多种问题，提出法官素质问题研究的必要性。

　　第一部分"导论"，此部分首先讨论了法官素质问题的研究范围、分析框架、研究方法与思路。当代中国法官素质问题非常复杂，恰如一面多棱镜，折射出当下社会特别是司法领域的种种问题。既有研究也观点纷呈，并未达致统一。法官素质问题表现为事实状态与理论层面双重的复杂性，研究难度相当大。因此，建立清晰简明的理论概念对其研究便显得十分必要。本文认为法官素质,是指法官的审判能力或资格。在研究方法上,本文主要采用了法社会学、历史学与比较法学的方法。因为性质不属于填补空白,本文必须立基于既往研究。已有研究与此问题相关的内容可归为两个方面,即法官素质问题本身以及法官素质与相关问题的研究,后者包括法官素质与法官管理制度、审判制度、法院权威、司法公正、法官地位、法学教育等关系。因为法官素质本体问题的研究是研究与法官素质相关的其他问题的基础,只有将前者研究清楚,才有对后者深入研究的可能性。因此,论文最终确定以研究法官素质本体问题——概念、标准等为主要任务。而在法官素质本体问题的研究方面,以往的分析视角皆为一元思维,即按照单一标准来衡量与思考这一问题。一元标准的视角虽对认识法官素质问题有所助益,但这一助益却具有相当的局限性:未能充分反映出这一问题的复杂性。为弥补单一视角研究的不足,本文提出了二元标准(即"法官职业标准"与"法官职业外部评价标准"的简称)的分析框架。二元标准理论的提出立足但突破了已有研究,可谓本文的创新之一。需要说明的是,本文通篇采取的是"整体性"方法研究,即虽涉及个别法官素质的分析,但始终关注的是整体意义上的法官素质。

第一章"法官素质若干理论分析",主要讨论了法官素质的具体内容、分类、标准(重点是二元标准及其相互关系)、影响法官素质的外部与内部因素。法官素质具体包括法官专业素质与法官道德素质。法官专业素质即法官法律素质,又包括:第一,知识水平,可分为文化与专业水平。文化水平是一个人理解、接受新知识的前提条件,但专业知识才是法官素质知识水平的核心。第二,专业经验,分为普通生活经验与专业审判经验。法官道德素质是对法官在道德方面的要求,可分为个人道德素质与职业道德素质。

二元标准是本文研究法官素质问题的分析框架,具体而言,二元标准即法官职业标准与法官职业外部评价标准。职业标准是指法官职业本身对法官素质的认识标准。法官职业标准立基于法官职业内部视角,也可称为内在标准。法官职业标准是从法官这一职业的角度来观察、审视与测量法官素质,具体包括:第一,专业素质标准,又可分为知识标准与专业经验标准。第二,法官职业道德素质标准。法官职业外部评价标准是法官职业外部的人对法官素质评价标准,因其视角基于法官职业之外,也可称为外部标准。法官职业外部评价标准中的"法官职业外部"在这里特指除法院人员之外的一切社会群体。与法官职业标准不同，法官职业外部评价标准具体内容难以准确、全面地概括。就彼此关系而言，二元标准并非泾渭分明，截然不同，而是相互影响、渗透，甚至冲突。人类社会法官素质的发展历史表明：二元标准之间的关系经历了一个从趋同到剧烈冲突之后再次回归趋同的这一否定之否定的过程。

法官素质的具体内容随时空变化而有所不同，其影响因素可归为两个方面：从外部而言是社会，从内部而言即法官制度。社会变化是导致法官素质问题产生与演变的根本原因，同时法官制度与法官素质也密切相关。在现代社会，法官职业素质保障与法官制度建立与完善密不可分。人类社会历史发展证明，实现法官独立审判原则是达致审判结果公正的必要条件。法官身份保障制度与法官素质现实关系错综复杂、互为因果。主要体现为两个方面：一方面，各国情况表明，只有法官素质状况良好，社会才能赋予法官身份保障制度；另一方面，法官身份保障制度是确保法官良好素质的前提。法官遴选制度是有关法官选拔的制度，即初审法官选拔与在职法官晋升制度。法官惩戒制度是针对法官失职行为而设计的处罚性制度，与法官素质关系密切。法官培训制度可确保法官任前初步具有审判经验，任职后不断补充新知识以适应审判的需要。

第二章是"现代西方主要国家法官素质考察"。本章开始论文从理论分析转向实证研究。法官素质问题各国皆有，论文重点考察了已被公认为法治建成的西方国家的情况，原因在于这些国家可为中国问题的分析提供更为明确的参照。英、美、法与日本等国法官素质的现实情况与历史演变表明法官素质问题具有如下规律：第一，职业法官人数远远少于非职业法官。第二，法官素质包括专业素质与道德素质两方面的具体内容。第三，非法官群体的认识对法官素质影响巨大。第四，法官素质与其法院设置密切相关。各国法院情况虽各具特色，但法官素质的要求都与本国法院实际情况相适应。第五，通过法官制度直接保证法官素质。第六，在制度上或实际中，整体而言法官是所有法律职业者中素质要求最高的。

第三章是"当代中国法官素质的历史追溯与现实考察"。从本章开始，论文将视角从国外转向中国。追本溯源，当代中国的法官素质问题肇始于苏维埃革命根据地时期。本文将中国法官素质问题的发展历史划分为三大阶段：第一阶段（1927 年—1946 年）、第二阶段（1946 年—1976年）与第三阶段（1976 年——2006 年）。中国法官素质问题发展的三个历史阶段出现了一个令人困惑的悖论现象,即在第一、二阶段,以法官职业标准为视角,中国法官素质的事实层面的情况均不理想,需要改善;但以法官职业外部评价标准为视角,法官上述历史过程中(从1927年起至今共计80年)绝大部分时间(截止到80年代中期约有60年)并非问题。换言之,以二元标准为视角,两个标准各自对中国法官素质的实际情况所做判断并不一致。

第四章"当代中国法官素质问题探析",本章开始对上述的历史考察中发现的悖论现象做出分析。论文首先详细分析了二十多年来中国法官素质面临的客观情况变化。具体而言,自改革开放以来,中国社会逐渐进入快速转型期,其变迁引发了包括经济、政治、文化等全方位的变化。中国法官面临的诸多客观情况的变化表现为:在外部,社会变迁引发的社会纠纷增多案件数量上升(通过二十余年来的诉讼类型与数量图表来反映),立法又以前所未有的速度发展;在内部,法院为适应上述客观情况的变化,不断进行法院体制、审判方式乃至人事等改革。因此,法官素质问题的出现与社会变迁密不可分,甚至可以说,社会变迁是法官素质凸显为问题的根本原因。论文分析了中国法官制度——法官遴选制度、惩戒制度、培训制度等具体情况的变化对法官素质状况的影响。与西方国家相比,中国目前法官身份保障尚无专门性立法,法官享有有限的身份保障。

论文认为当代中国法官素质问题的特殊性主要表现为:第一,职业法官人数过多。第二,法官职业标准具有特殊性,表现在,按照法官职业标准,与西方相比,中国法官素质具有以下特征:首先,法官文化素质与专业素质一直不尽如人意。其次,法律对法官专业素质中对法律经验要求并不严格,并未体现法官职业的特殊性。最后,不同等级的法官素质要求几乎无差别。其四,法官职业尚未建立真正独立的完善的职业道德。其五,政治素质一直是法官素质最为重要的内容,对它的强调贯穿中国法官素质发展整个历史。第三,法官职业外部评价标准具有相当的复杂性,表现为法官职业外部的群体评判法官素质选择的标准出现多样性与不统一的倾向,其中中国法官素质的职业标准、西方法官素质理想标准,传统法官标准等相互混杂,不易区分。此外,无法律知识的普通民众还会从法官行为乃至审判结果作为标准来评价法官素质。在此情形下,当代中国法官素质低这一结论的评价标准便难以查明。

第五章"当代中国法官素质问题解决路径",本章主要分析了包括法院在内的社会各界对法官素质问题认识及其解决措施，提出了本文对此问题的解决思路。社会各界看来，中国当代法官素质问题已成为一个相当严重的问题，法官素质低乃不争的事实。论文分别考察了法官职业外部及各级法院对法官素质问题的认识以及相关建议，认为法官素质问题是司法与社会在新的历史时期不相适应的反映，其直接原因在于现代法官制度尤其身份保障制度尚未完全建立。论文提出从"提高法官素质"到"改善法官素质"这一思路，认为在当前情况下，解决法官素质问题可从以下两方面努力，第一，对法院而言，要有所为有所不为。第二、非法官职业的社会群体也要认识到法官素质的改善需要他们的支持与参与。

**关键词**：法官素质；法官职业标准；法官职业外部评价标准

# Abstract

In recent years, quality of judges becomes the concerned focus of the court, the legal circle and the society. In the view of all the above parties, they all agree that the competence of Chinese judges is in question. Moreover, this opinion almost becomes a common sense. And the opinion results in the fact that the whole society suspects or even denies the authority of the judge. However, if the judge who arbitrates a dispute has no authority in the society, it will be impossible to accept his judgment. In fact, in the reports about the work of court and other documents of recent years, there is a common point going like that: the poor qualifications of judges in the whole become the bottleneck of the reform of the People's Courts. During the transitional process of the society, the proper resolution to this problem becomes the key to the courts' exercising the function of settling disputes. There are so many questions behind the issue which need to be studied. For example, when did the opinion come into being? Why did people think so? What elements should quality of judges cover? What are the criteria for deciding it? In other countries besides China, does the same problem exist? How to find a way out?

In fact, the problem and its following questions have not been fully examined until recently. In the thesis, my attempts are made to answer these questions. The thesis consists of seven parts:

The first part centers on the issue about the poor competence of judges, discussing the field of research, the frame of the analysis and the methodology in the research. Just as a coin has two sides, around the focus, there are also other questions and other different views. Thus, it is essential to set up simple and distinct concepts concerning with the focus in order to further the research on it.

The thesis defines quality judges as: the judge's capacity and qualifications of the judicature. The researching methodology is as follows: the legal sociology, history and comparative law. As to the research contents, there are two main parts: one is the making of a judge itself and the other is the matters concerning with it, such as the relations between quality of judges and corresponding management system, hearing system, court authority, judicial justice, judge's status, legal education and the rules and so on. Because the first part is the basis of the latter, the main task lays on setting up the simple and distinct concepts and criteria concerning with the making of a judge. Instead of using the single angle, which only helps in a limited way, the thesis uses a new angle of view—Professional Criteria for Judges and the Non – professional one. The dual-criteria make a breakthrough in the present research, which marks one of the innovative theories of this paper. Although some individual judges' calibers are analyzed, it is necessary to point out that the caliber of judges is studied as a whole in the thesis.

The first chapter , "Theories about the Making of a Judge", discusses the contents、 classification and criteria、 the internal and external factors which can influence the making of judges. Quality of judges consists of two parts: the professional caliber and moral caliber. The professional caliber refers to the judge's knowledge of the law and his judicial experience, in which there are two parts—life experience and judicial experience. The moral caliber includes individual moral caliber and professional moral caliber.

The dual – criteria, which refer to professional criteria for judges and criteria for assessment by people outside the profession, form the framework of the analysis. Professional criteria for judges are made from the Court's point of view, which are also called the internal standards because the angle is from judge's profession. And the professional criteria observe and check the qualifications of a judge from the angle of the judge's profession. The criteria include two parts: the professional caliber and the moral standard of a judge. Other criteria refer to the ones beyond the judge's profession, which were set up by people outside of the law circle as to the caliber of judges, which are also called external criteria.

It is necessary to note that the two kinds of criteria are not entirely separated from each other, as they sometimes conflict, influence and learn from each other.

Quality of judges has different components in different times. The two influencing factors are the changes of society which play a dominating role, and the judge system closely related to the caliber of judges. The history of human being tells us that justice calls for the independent judicature. Therefore the relations between the safeguard system of the judge's status and caliber of judges are complicated and their influence on each other is formidable, which are already proved by many countries' practices. Besides, the safeguarding system of the judge's status is a major premise for the caliber of judges, and it concludes the selection system, the punishment system, the training system and so on. The selection system of judge is the one which chooses the capable judge, including granting qualifications and promotion. The punishment system of judges is devised to punish the conduct of dereliction of duty, which has a close relationship with the caliber of judges. The system of judge training gives a judge some judicial experience before he takes up his profession.

The second chapter is "Examining quality of judgesin the Main Western Countries". In this chapter the thesis changes from analyzing theories to specific practices. In western countries such as Britain, America and France, the situation of the caliber of judges has some distinctive characteristics which help us to analyze the situation in China. Firstly, the number of the professional judges is smaller than the non – professional judges. Secondly, the caliber of judges includes professional and moral calibers. Thirdly, the views of people outside the law profession play a great role in improving the caliber of judges. Forth, the quality of the judge of each country is connected with its own organization establishment. Fifth, the good caliber of judges was ensured by the judge system. Sixth, the requirement of a good judge is higher than other law profession.

The third chapter is "the Influencing Elements of the Contemporary Caliber of the Judges in China". The issue of quality of judgesin China can be traced back to the time of the former Soviet Union. The thesis divides the period into three parts: the first period (1927—1946), the second period (1946—1976), third period (1976—now). There is an embarrassing phenomenon in the first two periods that the criteria for caliber of judges are solely determined by the judges themselves, which is rather unscientific. Because seen from the view point that is outside the law circles, the situation would be different. Therefore, dual – criteria should be upheld.

The forth chapter is "Analysis of the Contemporary making of a Judge in China", and this chapter analyzes the paradoxical phenomena in the history of China. Since the reform and opening – up of China, the society has undergone a fast – speed transitional period, which causes changes on every side involving politics, economics, culture and so on. The Chinese judges are confronted with problems home and abroad. For example, the number of law cases has increased and legislation developed at an amazing speed. For another, in order to meet the changes, the court has been carrying out all kinds of reforms. Therefore we can learn that the change of the society is the most affecting reason of the problem of low qualifications of judges. The thesis analyzes the systems of the judge in China selection system, punishment system and training system which play an important role in the competence of the judgeship. In comparison with the western countries, there is no specific law that guarantees the judge's status in China.

There are following distinctive characteristics of the making of contemporary judges in China: firstly, the number of professional judges is excessive. Secondly, the judge's professional caliber is rather low: a. the cultural and professional calibers are always not satisfied; b. in legislation, there is no requirement for the judge's judicial experience; c. judges of different ranks have the same caliber requirement in law; d. the professional morals have not been fully developed; e. the political caliber of the judge has been emphasized throughout the history. Thirdly, other criteria for assessment by people outside the profession are far more complicated. Different people have different opinions as to the contents of caliber of judges, and they do not agree with each other. Furthermore, their appraising standards are entirely different. In this circumstance, it is hard to find out the clear standards by which they make the conclusion that the caliber of contemporary judges in China is low.

The fifth chapter is "How to Solve the Problem of the Low Caliber of Judges". Regarding to the problem, the chapter analyzes the opinions and solutions coming from all walks of life, and puts forward the specific solutions of this thesis. According to the opinions, the low caliber of contemporary judges becomes a serious problem and an undoubted truth in China. The paper investigates different views and opinions from all walks of life and gets the conclusion that the disharmony between legislation and the society is a reflection of the low caliber of judges which is directly caused by the lack of efficient laws. The thesis suggests that we should enhance caliber of judges and improve caliber of judges. Currently, there are two ways: the court should mind its own business and people outside the law circles should realize that the problem should be resolved by the whole society.

**Key words**: the Quality of Judges; Professional Criteria for Judges; Criteria for Assessment by People Outside the Profession

# 目　　录

# Contents

# 引　言


曾几何时，法官素质问题成为中国法院、法学界乃至社会关注的焦点。

中国法官未改变制服之时，社会便已开始盛传这样的顺口溜："大盖帽，两头翘，吃了原告吃被告，原告被告都吃完，还说法制不健全。"这段话形象地表达了普通民众对法官素质现状的不满。媒体对法官素质问题也非常关注，相关报道的数量可说明这一点。仅 2003 年平面媒体的报道就有 57 篇，① 使用普通搜索引擎如"百度"、"Google"在互联网上搜索得到的结果则更多。② 其中，山西的"三盲"法官姚小红、武汉中级人民法院法官集体腐败等案件震惊世人。③ 这一问题甚至被纳入研究领域，在"中国期刊全文数据库"（以下简称"期刊网"），④ 输入"法官素质"四个字在"篇名"一栏搜索，从 1986 年开始至 2006 年 6 月，相关文章共计92 篇。因为事关中国法院切身利益，法院对这一问题格外关注。改革开放以来，最高人民法院工作报告每年都会出现有关法官素质问题的论述，进入 20 世纪 90 年代特别 21 世纪以来，最高人民法院颁布的几乎每部重

---

① 这一年的媒体报道中标题多为"提高法官素质"，中央一级的报纸有《人民日报》、《法制日报》、《中国改革报》等，地方日报如《陕西日报》、《湖北日报》等。

② 输入"法官素质"一词，"百度"搜索的结果是"找到相关网页约 41300 篇"，而"Google"的结果则约有 626000 项。

③ 根据媒体最新报道，这起震惊全国的腐败窝案的继任院长，临危受命后不久也踏入了腐败之路。详见《武汉中院两任院长前腐后继　继任者边反腐边违纪》，载《中国青年报》2006 年10 月 13 日，转引自新浪网（http：//www.sina.com.cn），最后访问日期：2006 年 10 月 14 日。

④ 中国期刊全文数据库，是目前世界上最大的连续动态更新的中国期刊全文数据库，收录1994 年至今约 7486 种期刊全文，而其中部分重要刊物回溯至创刊。至 2005 年 12 月 31 日，累积期刊全文文献 1670 多万篇。

要文件都会涉及这一问题。

综观社会各界对法官素质问题的认识，可发现"法官素质低"已成为常识性命题。共识一旦形成，则变为社会事实，势必产生影响。其中，最大的影响是社会因此对法官、法院公信力怀疑乃至否定。法官作为现代社会纠纷最终的裁判者，若在大众心目中缺乏必要权威，作出的裁判必然难于为其接受。事实上，近年来法院工作报告与文件内容，始终贯穿这样一种基本思路：法官素质整体而言偏低，已成为法院改革的瓶颈。在社会转型时期，此问题能否得以解决成为法院定纷止争这一司法功能能否充分发挥的关键。

但如果追问，会发现"法官素质低"这一似乎不证自明的常识性命题其实存在诸多问题需要研究：法官素质低这一认识始于何时？社会何以这样认为？法官素质究竟包括什么？——专业素质、道德素质还是其他？判断法官素质高低的标准是什么？——大学学历、法律专门教育、司法职业经验，还是判决得到当事人的肯定？这一问题是中国特有还是各国皆有？其实质是什么？又如何解决？等等。实际上，"法官素质低"引发的上述"问题群"在当前并未深入研究。因此，本书以此为研究的出发点，试图对这些问题有所探究。

# 导　　论

## 第一节　概念界定与分析框架

引言部分指出本书的研究对象主要是法官素质低所引发的法官素质问题。而法官素质问题相当复杂，恰如一面多棱镜，折射出当前社会特别是司法领域的种种问题。不仅如此，这一研究也呈现纷乱的状况。简言之，法官素质问题表现为事实层面与理论层面双重的复杂性。毋庸置疑，研究对象的复杂性不能成为理论表述混乱的理由或借口；恰恰相反，对象越是复杂，研究越要清晰明确，事物本身的复杂逻辑不能以混乱的理论逻辑来替代。因此，本书首要任务就是确定研究范围，为深入探讨问题奠定基础。为此，第一步即要界定法官素质概念。因为法官素质问题研究所具有的上述复杂性，这一定义必须清晰简明，能够准确反映问题的本质。

本书认为，所谓法官素质，是指法官的审判能力（competence）或资格（capacity）。这里能力与资格并非通常意义上的能力或资格，特指法官能够从事审判工作所要求的能力和资格，其目的是为了适应审判工作要求。这一定义表明法官素质具有如下特征：第一，法官素质同审判工作存在必然联系。第二，法官素质既可表现为内在属性，即能力；也可以表现为外在要求，即资格。能力是资格的存在根据，资格应以能力为基础，但有可能背离能力。换言之，能力为个人所固有，必然与审判工作性质相匹配。而资格系外在要求，可以与审判工作性质相脱节。第三，法官素质可以是理想（应然）意义上的，也可以是实在（实然）意义上的；可以是道德意义上的，也可以是法律意义上的。第四，在不同的时空条件下，因审判内涵有所不同而导致法官素质的内涵也会有所不同。

"法官素质低"命题实际蕴含两个问题，其一，法官素质是什么？这一问题在界定法官素质概念时已经作出回答。其二,判断法官素质的标准是什么?法官素质标准至关重要,标准不同对法官素质判断也会不同,后文将对此详细论证。本书提出二元标准——法官职业标准与法官职业外部评价标准,试图确立更为准确地认识法官素质的新视角。具体而言,法官职业标准是指法官职业本身对法官素质的认识标准。法官职业标准立基于法官职业内部视角,故亦可称为内在标准。法官职业外部评价标准是非法官群体对法官素质评价的标准,因其视角基于法官职业之外,也可称为外部标准。

## 第二节　研究方法

在科学研究中,方法的使用旨在解决问题。选取何种方法则是由研究对象、任务、资料等诸多因素所决定,并无定式。"社会科学研究方法的特殊价值就在于提供探究事物的合乎逻辑和利于观察的方法。"① 一篇论文尤其是博士论文,几乎都是多种方法综合运用的结果,本书亦不例外。但多种方法还是存在主次之分,本书采用的主要方法为:

### 一　法社会学方法

社会学作为一门成熟发达的学科,流派众多,观点纷呈。选取何种理论作为论证依据取决于研究目的。本书试图揭示"法官素质低"这一已成为当前中国社会常识背后所隐藏的问题。法国社会学家迪尔凯姆(又译为涂尔干)的观点恰好可为这种论证方式提供理论支持。他认为:"我们还不太习惯于按照常识的指引来解决所有这些问题,所以很难将常识与社会学的讨论彻底分开。"② 但常识有可能遮蔽或误导人们对问题的判断,因为"最常用的思维方式可能最有碍于社会现象的科学研究,所以大家应当警戒第一印象的影响"③。在迪尔凯姆的理论中,观察社会事实的第一条也是最基本的规则是将社会事实当作物来考察。

---

① [美]艾尔·巴比:《社会研究方法基础》(第八版),邱泽奇译,华夏出版社2004年版,第4页。这本书对社会科学方法进行了全面讲解,观点精辟。此外,下面这本书也有很精到的分析:Hoover, Kenneth R. , *The Elements of Social Scientific Thinking*, St. Martin's Press, 1992.

② [法]迪尔凯姆:《社会学方法的准则》,狄玉明译,商务印书馆1995年版,第1页(第一版序言)。

③ 同上书,第2页。

他认为："一切行为方式，不论它是固定的还是不固定的，凡是能从外部给予个人以约束的，或者换一句话说，普遍存在于该社会各处并具有其固定存在的，不管其在个人身上的表现如何，都叫做社会事实。"① 在他看来，观念本身也是一种事实。② 据此可知法官素质低虽是一种社会认识，但认识一旦形成，就成为社会事实，这一事实反过来会对社会产生积极或消极的影响。

　　法社会学，又被称为社会学法学，是将社会学方法运用到法学研究中的学科。在《布莱克法律辞典》（*Black's Law Dictionary*）中，社会学法学被解释为："一种强调法律制度、法律条文和法律实践的实际社会影响的法哲学方法。"③ 从宏观上，研究法律现象的进路通常可分为三种：价值、规范与事实，即自然法、规范法学与社会法学的立场、方法与角度。自然法关注法律价值，无须实证分析。规范法学与社会法学均注重实证分析，前者多重于已有法律规定的研究，后者更关注已有法律规定的实际运行效果。实证主义在法学研究的区分，主要是："分析主义法学和社会学法学即属于实证主义法学的范围。实证主义强调以研究经验事实为依据，分析主义法学把这种经验事实看作是实在法律规范，因而是法律实证主义法学；而社会学法学把这种经验事实看作是法律规范之外的其他社会因素，因而是社会实证主义法学。"④ 本书在研究中分析了大量与法官素质问题有关的实证材料，如各国关于法官素质的法律规定、中国与法官素质问题有关的统计资料与文件（历年《法律年鉴》、《最高人民法院工作报告》、《人民法院报》等）等。两种实证分析的进路又常被称为"纸面上的法"（law in the paper）与"行动中的法"（law in the actions）的研究进路，本书在考察中国法官素质现状时使用了上述进路。

　　除社会学理论之外，本书还使用了一些典型的社会调查方法，⑤ 如问

---

　　① ［法］迪尔凯姆：《社会学方法的准则》，狄玉明译，商务印书馆1995年版，第34页。

　　② 同上书，"第二版序言"。

　　③ Bryan A. Garner, Edition in Chief, *Black's Law Dictionary*（*English Edition*）, Thomson West Publishing CO. , 2004, p. 872.

　　④ 详见吕世伦主编《西方法律思潮源流论》，中国人民公安大学出版社1993年版，第209—210页。

　　⑤ 关于社会学研究方法的论述，详见风笑天《社会学研究方法》，中国人民大学出版社2001年版；袁方主编《社会研究方法教程》，北京大学出版社1997年版；［美］巴比《社会研究方法》，华夏出版社2000年版。

卷调查法、访谈等。① 这些方法与手段的使用表明本书的主要研究方法首先是法社会学的。

## 二　历史的方法

若想真正全面认识一个事物，除了了解其现状外，还必须考察它的来龙去脉。"法律体现着一个民族在漫长岁月中的风雨历程，我们不能视之为一部由公理和推论组成的教科书。为了理解法律是什么，我们必须了解它曾经是什么，以及它将来会变成什么。"② 托克维尔之所以研究法国大革命见解独到，主要原因在于他善于运用历史方法来考察与分析问题。在历史研究中，他认为传统的力量不可忽视，因为即使扭转乾坤的法国大革命也未完全阻断传统巨大的惯性，他指出："旧制度有大量法律和政治习惯在 1789 年突然消失，在几年后重又出现，恰如某些河流沉没在地下，又在不太远的地方重新冒头，使人们在新的河岸看到同一水流。"③ 中国法官素质问题也是这样，虽然问题的凸显是在当代，但最早可追溯到革命根据地时期，甚至那时形成的特征直到今日仍然存在。为厘清法官素质问题发展脉络，本书在有些章节有意识使用了历史学研究的方法，如第四章中国法官素质问题的历史考察。

---

① 除传统常规的问卷调查方法外，笔者还使用了网络调查的方法。2005 年 11 月 2 日笔者在"中国法院网"的"法治论坛"发了一个题名为"谈谈法官素质问题"的帖子，在 1 个月内，总共跟帖 7 人，截至 2006 年 1 月 5 日，总共 154 人"点阅"。笔者长期观察发现：因为属于专业论坛，从其内容判断，法院人员登录居多，"点阅"多（最高可达 1800 人）而跟帖少（通常十人以下，多不过百）。当然，此种调查相当初级，对其内容的确认，尚需更为广泛严谨的调查。但仔细梳理之后，可以发现这些随意感性文字也多多少少反映了留言者本人对这一问题的认识。跟帖内容主要包括以下几个方面："法官素质概念还不精确"、"法官自身素质与社会环境是互为影响的关系"、"法官素质与法官制度之间的关系并不明确"、"法官素质与法官录用有很大关系"、"法官素质提高需要假以时日"。其中一位跟帖者的留言饶有风趣，相比他人从较多层面体现了其对此问题的直观思考，间接反映出中国目前法官素质现状及法院一般人员对此问题的感性认识："别说什么素质不素质的！其实，在我看来，一边都认为法官的素质不高，一边却塞进来不高素质的人。一边喊着要提高素质，一边却放水进人！一边说要提高待遇，一边却害怕待遇和素质不相称！一边说司法独立，一边却担心法官素质！因为担心法官素质，所以才会多设机构、人员，来监督、保障司法公正，相反，这些人和机构却成为骑在法官头上的怪物，素质再高的法官能不能照自己的心思走出一条中国特色的法治之路？罢罢罢！随它去吧！"实际上，笔者研究过程中对一些法官进行访谈，类似上述观点也曾在他们的话语里有所流露，这在一定程度上也是对跟帖内容的印证。http：//www. chinacourt. org/flrsq/，最后访问日期：2005 年 11 月 2 日。

② O. W. Homes, *The Common Law*, ed. M. Howe, Boston：Little Brown，[1881] 1963，p. 3.

③ ［法］托克维尔：《旧制度与大革命》，冯棠译，商务印书馆 1992 年版，第 31—32 页。

### 三　比较的方法

有比较才会有鉴别，要准确认识一个事物，全方位的研究必不可少，比较方法有助于实现这一目标。比较方法可分为历时性比较与共时性比较。前者是从历史纵向维度，后者是从横向的角度。而共时性的比较即为比较法学的研究范围。对比较法的范围，朱景文教授在《比较法总论》一书中进行了详细梳理，他提出："比较法所比较的法属于不同法律体系，或拥有不同管辖权的法律体系，而不是同一法律体系中的不同制度或规则。"① 具体而言，法官素质问题在一国通常存在一个历史发展过程，不同时间情况并不相同。各国皆有法官素质问题，通过比较，可以更为深入地认识法官素质的一般原理、不同国家的差异以及中国法官素质的特殊性。本书第三章主要考察西方国家的法官素质的情况，以此作为后文分析中国法官素质问题的参照。

## 第三节　研究现状

若不属于填补空白性质的研究，社会科学论文一般应当立足于既有研究基础之上，如此才有可能将研究向纵深推进。为此，对研究现状的了解与掌握可谓研究工作的起点。这一工作旨在使研究者获知研究现状的具体信息，了解研究对象何处问题已解决，何处并未涉及尚需深入研究。为深化法官素质问题的研究，本书对自 20 世纪 80 年代以来有关法官素质问题的论文进行了详细检索。首先梳理了"期刊网"中以"法官素质"为"篇名"的文章。从 1986 年开始截至 2006 年 6 月这 20 年间，总共收录文章 92 篇。② 下面的图表（见图 1、表 1）直观地表明中国 20 年来法官素质问题学术研究的情况：

---

① 朱景文：《比较法总论》，中国人民大学出版社 2004 年版，第 2 页。
② 具体检索过程是：在"中国期刊全文数据库"中的"文史哲、经济政治与法律和教育与社会科学"范围内，用"篇名"检索"法官素质"一词，检索到的文章主要是学术论文，也有一些会议报道、最高人民法院有关领导讲话等。作者的身份主要分为两类：一类是法院系统的工作人员，主要是法官；一类是大专院校的科研人员。

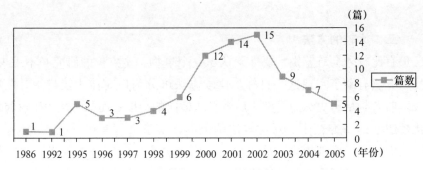

图1　20 年来"期刊网"法官素质"篇名"检索示意图

表 0 - 1　　　　20 年来"期刊网"法官素质"篇名"检索示意表

| 年份 | 1986 | 1992 | 1995 | 1996 | 1997 | 1998 | 1999 | 2000 | 2001 | 2002 | 2003 | 2004 | 2005 |
|---|---|---|---|---|---|---|---|---|---|---|---|---|---|
| 篇数 | 1 | 1 | 5 | 3 | 3 | 4 | 6 | 12 | 14 | 15 | 9 | 7 | 5 |

　　由图1、表1可知，20 年来的法官素质问题研究呈现如下特点：

　　第一，对此问题的研究 20 年来虽有间断，但一直在持续。1986 年首篇论文发表，其间中断了 5 年，在 1992 年又有一篇论文发表，之后又中断了 2 年，从 1995 年起到 2005 年，有关法官素质的文章每年均有发表，再未中断。

　　第二，研究数量呈现了波浪状的起伏，表明对此问题的关注程度各年并不均衡，存在变化。具体而言，1995 年与 2002 年分别为三个波浪的分界点。第一个波浪是从 1986 年到 1995 年；第二个波浪是从 1996 年到 2002 年；第三个波浪是从 2003 年至今。1995 年是第一个波浪的峰顶，共有 5 篇，此前的谷底是 1986 年，仅有 1 篇。第二个波浪的谷底是 1996 年与 1997 年，这两年均是 3 篇，峰顶是 2002 年，共有 15 篇。第三个波浪的谷底是 2005 年，回落到了 5 篇。与之相对应，可以把论文发表的历史记录分成下面三个不同发展阶段：第一阶段是 1986 年到 1995 年，可以称为初步关注阶段。这十年间总共只有 7 篇，而 1986 年和 1992 年各有 1 篇之外，1995 年一年就有 5 篇。在此阶段，文章发表各年并不连续，呈现散点状，说明对法官素质问题并没有太多的学术关注。第二阶段是 1996 年到 2002 年，可以称为学术关注不断攀升阶段。这一阶段的特点是每年都有法官素质问题的文章发表，没有出现像上一个阶段那样中间年份存在中断的情况。一年比一年数量持平或者更多，呈现出逐渐上升的趋势，从1996年的3篇到2002年的15篇达到了最高点，2002年是迄今为止发表数量最多的一年。其中，1996年、1997年分别为3篇，1998年为4篇，都没有1995年多，但是到了1999年6篇超过了1995年之后，在2000年突然上升为12篇，2001年为14篇，2002年为15篇，连续3年都超过了10篇。此阶段反映出理论界对于法官素质的关注热情不断升温。第三阶段是2003年到2005年，呈现不断降温的趋势。从2003年开始，每年发表的论文又呈现逐年下降的趋势。2003年与前一年相比，文章数量就回落到9篇，2004年又下降为7篇，2005年仅仅有5篇，与1995年发表的数量相同。

第三，法官素质问题研究文章近年来的比例最高。图1、表1显示整个80年代只有1篇论文，这说明理论界对法官素质这个问题在这一阶段几乎没有关注。而90年代前5年，即1990年到1994年，也只有1篇论文。1995年是转折点，此后每年都有文章发表，但数量一直徘徊在每年10篇之内，1999年最多共有6篇。20世纪八九十年代，总共发表文章23篇，占总数85篇的27%，这就是说，如果从1980年起始到2005年，这26年间，整个前20年发表的文章只占总数的四分之一强，而剩下的62篇文章都是在后6年发表的，所占比例为总数的73%，将近四分之三。

需要说明的是，尽管"期刊网"是目前国内最大的学术论文库，但因为其检索范围的限制，如博士、硕士论文、各种以书代刊的出版物等并不收录，仍存在资料的疏漏。为弥补这一疏漏，本书实际研究中检索范围更为广泛，发现了一些未被"期刊网"收录的资料。[①]

法官素质问题的既有研究可概括为以下两个方面：法官素质问题本体的研究以及法官素质与相关问题的研究两部分，后者主要包括法官素质与法官管理制度、审判制度、法院权威、司法公正、法官地位、法学教育等。[②] 经过仔细梳理与认真思考，本书最终确定以研究法官素质本体问题——概念、标准等为主要任务，因为法官素质本体问题的研究是与其相关的其他问题研究的基础，只有将前者研究清楚，对后者的研究才有深入

---

① 譬如，范愉：《法律家素质及法律教育刍论》，《人大法律评论》2000年卷第2辑；许冠强：《论法官素质》，河海大学2000年硕士学位论文等。

② 所有相关文章具体信息详见参考资料。

的可能性，但前者的研究迄今并未真正完成。在法官素质本体问题的研究方面，以往的分析视角皆为一元思维，即按照单一标准来衡量与思考这一问题。一元标准的视角虽对认识法官素质问题有所助益，但这一助益却具有相当的局限性：未能充分反映出这一问题的复杂性。为了弥补单一视角研究的不足，本书提出了二元标准——法官职业标准与法官职业外部评价标准的分析框架。二元标准理论的提出立足于现有研究但又有所突破，可谓本书的创新之一。

经过系统的文献梳理，有了坚实的基础，本研究才能真正展开。需要说明的是，本书采取"整体性"方法研究法官素质问题。因为"社会科学理论处理的是集体的而非个体的行为，目的在于解释为什么即使个体行为随着时间改变，集体行为的模式却会如此有规律。甚至可以说社会科学家并不寻求对个体的解释；他们试图了解人类社会运作的体系，人类行为原因的解释系统，系统的要素是各种变量而不是个体"①。换言之，法官素质中的法官可有单复数之分，即从主体数量可分为个别法官素质与群体法官素质。本书虽涉及个别法官素质的分析，但研究整体意义上法官素质思路却是一以贯之的。

## 第四节　研究内容

全书共分七个部分：

引言部分从"当代中国法官素质低"这一社会事实出发，分析这一事实背后所蕴含的多种问题，提出法官素质问题研究的必要性。

导论部分对法官素质基本概念作出界定，提出法官素质二元标准理论的分析框架、研究方法、研究现状、思路以及全书的整体结构安排。

第一章，对法官素质问题所涉及的基本理论做进一步说明，分析了社会（经济、政治、文化等）与法官素质的相互关系，说明了法官制度与法官素质之间的关系。为全书进入实证分析打下了理论基础。

第二章，运用上述理论框架对西方主要国家——英国、美国、法国及日本的法官素质作出考察，并对规律性的特征做了总结。

---

① ［美］艾尔·巴比:《社会研究方法基础》（第八版），邱泽奇译，华夏出版社2004年版，第4页。

第三章，进入中国法官素质问题研究。本章主要从历史角度考察了中国法官素质发展轨迹，对其表现出的规律性现象作出了总结。

第四章，主要考察当代中国法官素质问题的实际运行状况，对其发生、发展作出了分析。

第五章，深入分析了包括法院在内的社会各界对法官素质问题的解决方案，提出了自己的观点，并对此问题的未来发展作出了适度预测。

# 第一章

# 法官素质若干理论分析

导论部分主要讨论了法官素质问题的研究范围、方法、现状与内容，自本章起，开始就具体问题进行研究。本章的主要任务是对法官素质基本原理作出说明，为后文在实践层面对此问题的考察提供理论依据。

## 第一节　法官素质具体内容

前文已述，所谓法官素质，是指法官的审判能力（competence）或资格（capacity）。此定义表明所有与审判工作性质相关个人的自然或社会属性，都可纳入法官素质范畴，如年龄、国籍、学历、资格证明、工作年限、道德要求、法律知识、思维能力、心理素质、身体素质、性格特点、工作经历等。

### 一　法官专业素质

法官素质具体内容包括以下两方面，即法官专业素质与法官道德素质。法官专业素质即法官法律素质，包括：

其一，知识水平，又可分为文化水平与专业水平。文化水平是一个人理解、接受新知识的前提条件，法官若不具备此项能力，则难以精确掌握法律，而不能精确掌握法律则会影响或限制法官专业能力的获得与发展。法官职业在思维方式、知识要求方面都具有一般职业没有的特殊性。因此，法官拥有文化知识的最终目的在于具备获取法律专业知识的职业能力。换言之，对法官而言，文化知识的获得是为专业知识做铺垫、打基础，专业知识才是法官素质知识水平的核心。

其二，专业经验。美国大法官霍姆斯说过："法律的生命并非逻辑，而是经验。"① 经验对法官尤为重要。法律规定即使十分确定，实际发生的案件情况千差万别，在审判过程中法官的创造性工作也不可避免。法官若不具备创造性化解纠纷的能力，则难以胜任审判工作。除学识外，法官审判能力的培养与获得，还需要积累法律实践经验，即专业经验。法官素质专业经验分为两个层次，第一个层次要求法官具备普通人皆有的阅历与见识，包括敏锐观察与深刻认识社会及其事物、沉稳应对各种事变且善于总结实践经验等能力。第二个层次则要求法官的专业审判能力，例如开展调查研究的能力、庭审等审判的把握能力，包括善于提出并选择解决矛盾的方案及处理问题、解决纠纷的平衡、折中与调和等的能力。法官专业审判能力的核心是认定案件事实准确或适用法律正确。

### 二　法官道德素质

法官道德素质是对法官在道德方面的要求。法官职业因为事关公平正义，执业者稍有不慎，便会影响社会稳定与他人福祉。因此，现代社会对法官道德素质要求明显比其他职业严格。法官道德素质可分为两个层次：

其一，个人的道德素质，即法官作为常人的道德，这是非职业道德素质。因法官是普通社会之一员，也存在与职业无关的个人道德，即普通人道德，这可称为法官个人道德。

其二，职业道德素质，这是职业本身对法官在道德操守与伦理方面的要求。法官职业道德素质要求法官行事必须遵循相关的成文或不成文职业道德规定。古今中外，法官在社会观念中常被格式化为道德高尚之人。霍布斯早在《利维坦》中就指出一个良好的法官必须具备的四个条件：一是对公平要有正确的理解；二是要有藐视身外赘物如利禄的精神；三是在审判中，要能超越一切爱、恶、惧、怒、同情等感情；四是听审要有耐心，要集中注意力。② 美国法学家梅利曼也认为："生活在普通法系国家中的人们，对于法官是熟悉的。在我们看来，法官是有修养的人，甚至有着父亲般的慈严。"③

---

① O. W. Homes, *The Common Law*, ed. M. Howe Boston: Little Brown, [1881] 1963, p. 3.

② 详见 [英] 霍布斯《利维坦》，黎思复、黎廷弼译，商务印书馆1985年版。

③ [美] 约翰·亨利·梅利曼：《大陆法系》（第二版），顾培东、禄正平译，法律出版社2004年版，第34页。在此书中，作者认为大陆法系的法官形象与英美法系不同，他说："（大陆法系——引者注）高级法院的法官受到也应该受到社会的尊敬，然而，这种尊敬与在其他文官系统中的高级官员所获的尊敬并无二致。"（第35页）

## 第二节　基层法官素质与非基层法官素质

　　因法官分类可做多种划分，法官素质相应也存在多种分类。例如，按照法官主体的数量，法官素质可分为法官整体素质（或称为法官群体素质）与法官个体素质。本书通篇关注的是法官整体素质，在此意义上法官素质又可做更细的划分，如按照法官从事审判业务的性质不同，大陆法系国家的法官素质可分为刑事法官素质、民事法官素质、行政法官素质等；按照审级不同可以分为基层法官素质（初审法官素质）与上级（上诉）法官素质等。此外，还存在其他方式的分类，如将法官分为传统法官与现代法官，则存在传统法官素质与现代法官素质之分；将法官分为职业法官与非职业法官，则存在职业法官素质与非职业法官素质之分。不同类型的法官素质具体要求有所不同，但总体而言，都拥有统一的基本素质标准，如良好的道德素质、精湛的专业素质等。不同类别的法官素质差别主要是建立在这些共性要求之上，如刑事法官素质与民事法官素质的要求差别之一即是对法律知识要求不同，前者更强调对刑法学知识的掌握，后者更强调对民事法学知识的掌握。

　　在上述法官素质类别中，基层法官素质与上级法官素质值得深入研究。[1] 因为这一划分依据在于不同级别法院功能的差异性。基层法院更注重纠纷解决，而上级法院尤其最高法院更为注重规则之治。实际上，现代国家也通常在立法上将基层法院的受案范围限定为简单案件，而将复杂案件指定为上级法院审理，此外，各国基层法官[2]数量均大大超过上级法官。例如，中国当前将近20万法官中，80%是基层法官。[3] 在英国，治

---

　　[1]　研究者对基层法官素质颇为关注，相关研究有：李玉晶、朴海锦、秦宏：《关于提高基层法官素质的思考》；凌霄：《中国需要什么样的基层法官——基层法官素质透视》；苏力：《基层法官的司法素质——从民事一审判决上诉率透视》。

　　[2]　严格而言，西方职业法官并不包括治安法官，但治安法官承担了这些国家基层的主要案件，在这个意义上，与中国基层法院法官比较接近。而在中国，基层法院的法官属于职业法官的行列。因此，本书将西方治安法官与中国基层法院法官归为基层法官主要是在其功能意义上而言。

　　[3]　"法院队伍建设，重点在基层。作为基层的县级人民法院及其派出的人民法庭，担负着全国法院80%一审案件的审理任务，80%的审判人员工作在基层，但80%的违法违纪行为也发生在基层。"引自《最高人民法院工作报告》（2000年）。

安法官①的数量已远远超过了职业法官，至 2003 年 3 月 1 日，英国共有各类职业法官（包括助理法官）3593 人，而在 2000 年时，英国的治安法官已达约 30400 名②。治安法官在审理案件尤其是刑事案件方面发挥了巨大的作用，如今英国有超过 95% 的刑事案件由治安法官审理，这一大批不领薪酬的治安法官不仅仅是职业法官的补充，而且已经在事实上成了英国整个刑事审判制度的支柱。③ 2000 年的一次抽样调查显示，公众对于治安法官的态度并没有表现出任何应将其取消的意思④。

与中国所有审级法官（包括基层法院法官）素质要求完全一致不同，西方国家治安法官的素质要求通常与职业法官具有明显区别。⑤ 例如，在英国，职业法官专业素质要求十分严格，"与大陆法系国家不同的是，英国所有的各级法官都是从律师中产生，而高等法院的法官更是几乎全部从杰出的出庭律师（Barrister）中产生。对法官候选人在资历、经验、业绩和人品方面的严格限制，使在 40 岁以前能被任命为法官成为极为罕见的事情"⑥。因为制度旨趣与职业法官不同，治安法官法律素质要求较为宽松。具体而言，治安法官的申请者资格主要包括：其一，应有诚实品格，受到社区居民和工作同行的普遍认可；其二，有一定的理解和交流能力；其三，有社会责任感，理解所要担任工作的重要性；其四，有社区知识，有较好的逻辑思维能力，能作出公正的判决；其五，承诺每年提供 26 个

---

① 治安法官是指不具备职业法官资格的普通公民直接被任命为法官，主要以兼职方式到法院就特定种类的案件（如轻微刑事案件和家庭法等）方面基本保持独立进行审判的人。治安法官制度起源于英国，美国、澳大利亚、瑞士等国均有采用，其中以英国为典型。英国治安法官制度主要在治安法院适用，治安法院是英国最初级的法院，每所治安法院由 2 名以上兼职治安法官（magistrates）组成。在一些大城镇的治安法院，还可能会有全职或者兼职的领薪治安法官（stipendiary magistrate），2000 年 8 月后称地区法官（district judges）任职。

② Rod Morgan and Neil Russell, *The Judicial in the Magistrates' Courts*, Prepared for: The Home Office & The Lord Chancellor's Department, 2000, p. 8.

③ 但是在英国，治安法官的重要性并未引起广泛关注，法学教育和法学研究都是围绕陪审团审判而发展，因此，有学者呼吁不能继续忽视治安法官制度，而应该完善现有制度从而规范治安法官的行为。参见 Penny Darbyshire. *An Essay on the Importance and Neglect of the Magistracy*, Criminal Law Review, 1997.

④ Rod Morgan and Neil Russell, *The Judicial in the Magistrates' Courts*, Prepared for: The Home Office & The Lord Chancellor's Department, 2000, p. 6.

⑤ 本质而言，西方治安法官属于非职业法官，与职业法官素质要求当然不同。而中国基层法院法官与其他三级法官均为职业法官。

⑥ 周道鸾主编：《外国法院组织与法官制度》，人民法院出版社 2000 年版，第 144 页。

至 35 个半天的审判服务，并有时间接受培训；其六，年龄在 27 岁至 65 岁之间，并且身体健康。此外，破产之人、有严重犯罪前科之人、现役军人、警察、交通巡视员等特定人士不能担任治安法官。这一情况在美国也有所体现。继受英国法律传统的美国有两套不同的司法系统——联邦与州，治安法官制度设立在州最低一级法院。这些治安法官在美国司法制度运作中所发挥的作用虽然并无英国那样显著，但也处理了社区中大量的轻罪和小额民事案件。治安法官通常由选举产生，但有时也由任命产生。他们一般在县、市镇或乡镇等辖区内，任期 2 年至 6 年。① 到 20 世纪 90 年代，43 个州有大约1300名治安法官审理交通案件与轻微刑事案件。治安法官居住偏远山区，不仅缺乏普通教育，更缺乏法律训练。②

# 第三节　法官职业标准与法官职业外部评价标准

如前所述，本书研究法官素质问题的整体分析框架是二元标准。下面就二元标准的具体内容及相互关系进行深入分析。法官职业标准指法官职业本身对法官素质判断标准。"所谓职业，从其科学含义上看，是指人们从事的相对稳定的、有收入的、专门类别的工作。"③ 法官职业标准立基于法官职业内部视角，故亦可称为内在标准。法官职业标准从职业角度观察、审视与测量法官素质。在现代国家，这一标准的内容通常都有明确的规定，反映了法官职业与众不同的特征。为便于研究，本书中的法官职业标准具体指法院人员对法官素质的要求。④ 这里的法院人员不仅包括法官，还包括除法官外的其他工作人员，后者在中国具体指书记员、法院工作人员。因此法官职业标准是指这些人员对法官职业要求的认识、体会与观点。

## 一　法官职业标准

法官素质中的法官职业标准具体包括：

---

　　① 宋冰编：《读本：美国与德国的司法制度及司法程序》，中国政法大学出版社 1998 年版，第 98 页。

　　② 转引自最高人民法院司法改革小组编《美英德法四国司法制度概况》，韩苏琳编译，人民法院出版社 2002 年版，第 240 页。

　　③ 杨河清主编：《职业生涯规划》，中国劳动社会保障出版社 2005 年版，第 5 页。

　　④ 严格而言，法院内部除法官外还有其他工作人员，但为使研究不至于过于细化影响分析，本书有意忽略了这种区别。

第一，专业素质标准，又可分为知识标准与专业经验标准。知识标准又分为一般文化知识标准与专业知识标准。衡量法官素质的知识标准通常是法官需要接受法学教育或通过一定的法律专业考试。专业经验标准可以具体分为法官选任时的专业经验标准与任职时的专业经验标准。审判是法官的主要职责，法官能否胜任审判工作是衡量其素质最重要的标准。法官选任的专业经验标准主要是判断一个人是否具备从事法官职业以及从事何种审判岗位的准则。为保证法官具有真正的专业素质，大多数国家均在相关法官制度（主要是通过选任制度）确保选任的法官符合专业经验标准要求。从业之后的经验标准主要是判断法官是否具有持续工作的能力或进一步晋升的资格。现代国家均在立法上对法官晋升标准明确作出规定，法官晋升表明其素质足以胜任工作。通常而言，法官从业时间越长，其职业经验应当越丰富，因此，法官从事审判工作年限便成为其晋升时的具体考察标准之一。法官在从业过程中，不可避免会遇到新问题，只有不断地汲取新的法律知识与其他知识，才能适应工作需要。在职培训则可帮助法官实现上述目标，因此是否进行在职培训也成为法官专业素质的标准。

第二，法官职业道德素质标准。在社会大众心目中，树立公平正义的形象，法官职业道德素质至关重要。

**二 法官职业外部评价标准**

法官职业外部评价标准是社会对法官素质评价的标准，因其视角基于法官职业之外，也可称为外部标准。本书法官职业外部评价标准中的"法官职业外部"在这里特指除法院人员之外的一切群体。换言之，二元标准的"社会"是对通常意义上的"社会"一词加以了限制，排除了法官（法院人员）。这便意味着除法院人员——法官、书记官（员）、记录员、执行法官等之外的其他一切人群对法官素质标准的要求皆可成为法官职业外部评价标准的内容。

因为社会人群构成的复杂，个人基于立场、观点、出身、经历等情况不同，对法官素质的认识无法完全统一。正如千人千面，不同群体或个人对法官素质的标准认识往往也颇为不同。与法官职业标准相比，法官职业外部评价标准主体的多样性，导致其内容繁杂混乱，难于明确总结、提炼、归纳出具体内容。虽然如此，为了研究需要，本书还是对法官职业外部评价标准中"社会"构成进行了一定程度的类别划分。当然还可以从不同方面进行划分，如按照阶层、地域等。本书的划分依据为:是否从事法律职业,这样,除法官外的社会群体从大的方面可划分为两大类人群:第一类人群即除法官(法院人员)之外的其他法律职业者,简称"其他法律职业者"。这类人群主要包括法学家、检察官、律师、公证人员等从事法律职业的人。第二类人群是普通民众。凡不以法律为职业的人群都可算作普通民众。从人数而言,这部分人群数量最为庞大,远远超过法律职业者。

这样,通常意义上的"社会"便被划分为三大人群:法官(法院人员)、其他法律职业者以及普通民众。这三大人群具有三种关系,即法官(法院人员)与其他法律职业者的关系、法官(法院人员)与普通民众的关系、其他法律职业者与普通民众的关系。但本书之所以将法官(法院人员)与其他两类人群划分成两大部分,主要原因在于:

一方面,从形式而言,的确可以将法官职业本身作为标准将社会所有人群划分为法官与非法官,其他法律职业者与普通民众属于后者。

另一方面,从实质内容而言,主要基于以下考虑:法官(法院人员)与其他法律职业者都是以法律为业,具有共同的法律职业的特征,用大木雅夫的表述即"法律家"——法律秩序的创造者。[①] 换言之,这也即是国内法学界熟知的"法律职业共同体"[②]。但本书之所以要将"法律职业共

---

① 详见 [日] 大木雅夫《比较法》,范愉译,法律出版社 1999 年版,第七章"法律家——法律秩序的创造者"。

② 强世功在《法律共同体宣言》(连载于《北大法律周刊》2000 年第 2 卷,www.chinalawinfo.com) 中呼吁:"所有的法律人 (lawyers),团结起来! 无论是最高法院的大法官还是乡村的司法调解员,无论是满世界飞来飞去的大律师还是小小的地方检察官,无论是学富五车的知名教授还是啃着馒头咸菜在租来的民房里复习考研的法律自考生,我们构成了一个无形的法律共同体。共同的知识、共同的语言、共同的思维、共同的认同、共同的理想、共同的目标、共同的风格、共同的气质,使得我们这些受过法律教育的法律人构成了一个独立的共同体:一个职业共同体、一个知识共同体、一个信念共同体、一个精神共同体、一个相互认同的意义共同体。如果我们没有共同的法律语言,对法律没有共同的理解,没有共同的社会信念,没有共同承担社会责任的勇气和能力,由谁来支撑我们的法治大厦? 由谁来抵制专断权力的任性? 由谁来抵制暴民政治带来的无序和混乱? 今天,我们必须清醒地认识到我们的主张。这些主张不是简单地停留在感情的接受上,而是建立在理性思维的反思和认识上,我们必须对这个法律共同体的历史、理论逻辑和思维方式以及我们对待我们这个社会的态度有一个清醒的认识;我们必须对这个共同体的现状、社会功能、所遇到的问题以及未来的走向有一个清醒的认识。唯有如此,我们才能自觉地主动地团结起来,抵制专断和特权,抵制暴力和混乱,维持稳定与秩序,捍卫公道和正义,现实改良与发展。这正是我们今天的历史使命。"张志铭教授明确指出了法律职业的理想品质为:掌握专门的法律知识和技能、致力于社会福祉、实行自我管理以及享有良好的社会地位。详见《法治社会的法律职业》(张志铭:《法理思考的印迹》,中国政法大学 2003 年版,第 319—322 页)。

同体"人为"割裂"开来，将其区分为法官（法院人员）与其他法律职业者，主要原因在于：第一，本书的研究对象是法官素质问题，而非法律家素质问题。法官（法院人员）与其他法律者虽然存在诸多共性，但因为研究任务所限，本书只能将注意力放于法官素质问题的研究。但这并不意味法律家素质问题无研究的必要与价值。第二，就法官素质这一问题，其他法律职业者与法官（法院人员）的认识并不一致，前者的判断结论更接近于普通民众。事实上，其他法律职业者与普通民众相比，对法官（法院人员）的认识更为深刻，尤其法学研究者作为专家，相关知识更多，易于从理想标准角度来审视法官素质，对法官素质进行批判。而普通民众更容易从法律职业之外的视角来观察与判断法官素质。[①] 第三，当代中国"法律职业共同体"尚未真正形成，实际情况是其内部不同群体是割裂的。

与法官职业标准不同，法官职业外部评价标准具体内容难以准确与全面概括出来。但可明确的是，法官职业标准的内容有时可以作为法官职业外部评价标准的内容，此外，社会人群对法官素质的主观标准如对法官裁判结果的满意度也可作为评价内容。通常而言，法官职业外部评价标准的内容总是倾向于法官素质是否与社会成员的期望达成一致。

### 三　二元标准的关系

前章已述，法官素质问题研究必须打破常规思维，寻找新的思路。这一新思路就是观察视角的突破，即从一元标准转向二元标准。因为法官素质问题是一个异常复杂的问题，以往的研究表明，这一问题已成为剪不断、理还乱、说不清、道不明的难题。一元标准这一视角的认识模式只能窥探法官素质问题及其研究的复杂性之一斑，未能洞察其全貌。单一视角遮蔽了研究对象——法官素质问题的复杂性，要想全面客观准确地认识法官素质问题，尚需更为复杂的立场与视角。换言之，只有建

---

[①]　数量庞大的普通民众，亦可再做进一步的划分，比如可将其分为有涉诉经历的人（多为诉讼参与人）与无涉诉经历的人。有涉诉经历的人对法官素质认识往往由其涉诉经历决定，无涉诉经历的人，对法官素质的认识与判断多来自于媒体（案件报道与专家意见）、传闻等。实际生活的确存在此种情况，详见第五章第一节的问卷调查。无涉诉经历的人对法官素质的判断更容易受到其他法律职业者、媒体、有涉诉经历人的观点所左右、影响乃至支配，但此点尚需更为详细的实证资料支持。

立一种立体的、多维度的综合视角方有可能对法官素质问题准确把脉,对症下药。事实上,法官素质低引发的"问题群",看似零乱芜杂,其解决实则有章可循,这便是观察视角的恰当选取。正如拍摄风景,要尽揽美景于镜头之内,必须找到恰当的拍摄角度。如能选取合适视角,法官素质问题的全景观察便可真正实现。本书认为,这一恰当视角就是二元标准——法官职业标准与法官职业外部评价标准。此前,二元标准之未被发现的主要原因之一在于这两个标准彼此既有区别又始终混合交织在一起。二元标准的相互缠绕又在法官素质问题本身的复杂性之上增加了研究的复杂性。因此,正是法官素质问题难上加难才导致二元标准的不易被发现,而无发现,何论表述、分析与研究?! 只有深刻认识到法官素质问题及其研究的复杂性,才能抽丝剥茧,将二元标准从胶着状态中提炼与分离出来,进行理论剖析。二元标准的区别主要是:

第一,二元标准在"法官"范围的认识上不一致。从法官职业标准视角看,法官即是行使国家审判权的法律专业人员。但在法官职业外部评价标准中,法官范围却不局限于此。例如,在中国,普通民众有关法官概念非常泛化。[①] 社会之所以对法官范围不能准确认识,原因之一是人类社会的古今中外"法官"存在一个历史发展的过程,并非现代法官这一类别。按时代不同,可将法官分为传统社会中的法官与现代社会中的法官。传统社会中的法官主要指对纠纷进行审判的官吏或掌握权力的人。传统法官与现代法官颇多相同,如依据一定的规则从事审判、裁判结果具有权威性;国家强制力为实施后盾;审判过程也具有某些共同性。但传统社会行政官与法官[②]身份是重合的,此外,还存在其他差异[③]。法官职业外部评价标准与法官职业标准相比,前者认定的法官范围广于后者,前者对法官

---

① 调查问卷显示当前还有一部分人认为所有在政府机关从事工作的人就是法官,详见第五章第一节。

② 汉语"法官"一词最早出现在《商君书·定分》的这段文字中:"天子置三法官,殿中一法官,御史置一法官及吏,丞相置一法官。诸侯郡县,皆各置一法官及吏。"法官掌管法令,"吏民(欲)知法令者,皆问法官"。这里所说的"法官"其职责并非审判,而是代表官方掌管法令,同时向普通百姓宣传告知政府法令具体内容。这意味着法官一词的原义并非今天所指涉的意思。有关中国"法官"一词在宋代(包括宋代)以前的语言学上的考察,参见陈景良《宋代"法官"、"司法"和"法理"考略——兼论宋代司法传统及其社会转型》,《法商研究》2006 年第 1 期。

③ 陈海光:《中国法官制度研究》,中国政法大学博士学位论文,2002 年 4 月;张勇:《中国古代司法官责任制度及其法文化分析》,中国政法大学博士学位论文,2002 年 3 月。

素质的判断远无后者清晰与精确。

第二，二元标准虽都旨在衡量法官素质，但笼统而言，法官职业外部评价标准内容包括法官职业标准。社会认同法官职业内部的判断是法官职业标准成为法定标准的前提，法官职业标准若不获得社会承认、支持则无法真正获得切实保障。如法官任职资格的规定通常在各国法院组织法中规定，而此规定则需要法院之外的力量如立法机关的通过方可实现。

第三，从具体内容而言，法官职业标准着眼于从法官职业角度衡量与评价法官素质，而法官职业外部评价标准却立足于外部视角，对法官素质进行评断。因此，法官职业标准比法官职业外部评价标准客观明确，易于落实。但法官职业外部评价标准内容相对主观，随时空变化而变化，难以把握。换言之，二元标准都是关于法官素质的衡量标准，均有评价之功能，但以法官职业标准为依据判断法官素质的结论远比法官职业外部评价标准明确客观。为凸显此点，论文特意在概念表述上法官职业外部的标准中加入"评价"① 一词。实际上，二元标准的视角就是"司法②与社会③"对法官素质认识的视角。

总体而言，二元标准并非泾渭分明，截然不同，而是相互影响、渗透，甚至冲突。从二者相互关系而言，二元标准具有共同性，实践中二者处于互

---

① "评价"做动词用的字典义为"评定价值高低"。详见中国社会科学院语言研究所词典编辑室《现代汉语词典》，商务印书馆 1983 年第 2 版，第 882 页。

② 本书的"司法"一词特指审判机关，即法院。需要说明的是，"司法"一词不同国家理解并不完全相同。大多数国家把司法理解为审判，司法权就是审判权，司法机关就是审判机关，如美、法、德、加、澳、日、俄等国；少数国家把司法理解为审判与检察，司法权就是审判权与检察权，司法机关就是审判机关与检察机关，如越南、朝鲜、埃及、意大利等国。我国现行宪法以及党的正式文件是把审判机关与检察机关作为司法机关的。从宪法看，虽然在"国家机构"一章没有使用"司法机关"的称谓，但把人民法院与人民检察院规定在同一节中；从党的正式文件上看，党的十五大报告提出"推进司法改革，从制度上保证司法机关依法独立行使审判权和检察权"。这说明我国的司法机关是指审判机关与检察机关。除了"司法"，我国还有一个特有的概念，即"政法"，如"政法机关"、"政法工作"等等。对于政法机关，一般理解包括公安、检察、法院、司法、安全行政单位，简称"公、检、法、司、安"。党的十六大报告提出"推进司法体制改革"，而具体内容则涵盖了侦查体制、检察体制、审判体制、执行体制、司法行政体制等。按照这个理解，我国司法的概念就进一步扩大，相当于"政法"，"司法体制"相当于"政法体制"。上述关于"司法"与"政法"的观点参见肖扬主编《各国宪法关于司法体制的规定》之"编辑说明"，人民法院出版社 2003 年版。

③ 此处"社会"特指除"审判机关"以外的领域。

动的状态。具体而言，二元标准可相互借鉴、相互影响。法官职业标准可以成为法官职业外部评价标准的内容，如法官职业外部评价标准中以常人道德标准对法官的要求，在某一历史时期也会被法官职业标准吸收。如前所述，法官职业标准也可作为法官职业外部评价标准的内容。

人类社会法官素质历史表明二元标准之间的关系经历了一个从趋同到剧烈冲突之后再次回归趋同的这一否定之否定的过程。考察各国法官素质的历史可以发现二元标准之间存在一些共同性的规律，主要表现为：

法官职业标准与法官职业外部评价标准始终存在张力，不完全一致。但二者的张力如果维持在适度范围之内，矛盾不致过度紧张，法官素质就不会成为问题，也就不会演变成社会各界的关注焦点。但若是二者的紧张、冲突、差异悬殊过大，则势必引发司法与社会之间的关系紧张，导致社会对法官的信任度大幅降低，以至影响其审判职责的发挥。换言之，法官素质的实际状况是社会与司法关系的晴雨表，进而言之，当法官职业标准与法官职业外部评价标准趋同之际，表明社会与司法的关系良好，而当二元标准之间冲突过于明显之时，则反映了社会与司法之间关系并不协调，需要调整。

美国建国初期基于社会对司法的普遍不信任而导致对法官素质充满怀疑，这一情况经历了一个漫长的历史过程才得以改变。在今日美国社会大众的心目中，法官尤其联邦法院法官（特别是联邦最高法院法官）就是社会公平正义的代表与象征，其所作出的裁判具有极高的权威性。日本社会作为东方国家，"明治维新"后才初步确立了现代司法制度（"二战"后驻日美军对其进行了民主化改造），从那时起法官职业外部评价标准与法官职业标准方从高度同质化分离出来。其后经过百年发展，法官职业外部评价标准基本认同法官职业标准的一般理念，社会对法官素质整体上建立信任。但近年来，法官职业外部评价标准又出现了变化，社会普遍对日本法官的工作效率提出批评，要求增加法官人数，这不能不说是日本法官素质再次出现了问题。

新中国成立至20世纪80年代中期，中国法官素质一直未成为问题，直到90年代中后期法官素质问题才成为全社会的关注焦点。依二元标准视角可发现，在法官素质未成为问题的时候，法官职业标准与法官职业外部评价标准之间高度统一，彼此几乎不存在区别。马锡五审判方式从抗日战争时期确立到新中国成立后被推广直至今日尚存在制度空间①，这一事实说明法官职业标准对法官职业外部评价标准的认同。自从民事诉讼审判方式改革以来，批评者对马锡五审判方式的否定性意见是这一审判方式充满追求实质正义的色彩，不符合现代司法追求形式正义的理念。法官素质问题近年来的凸显时期恰逢新中国社会快速转型期②，社会的急剧变化对司法提出了前有未有的要求。为适应形势发展，法院不得不作出调整，而在法官素质标准方面则表现出，法官职业标准开始追求与法官职业外部评价标准的不同内容。于是，长期稳定之后二元标准出现了剧烈的波动期，法官素质问题成为社会问题。本书认为中国法官素质问题是由于社会变迁对司法提出新的要求，而法官（法院）的相关努力不能满足社会期待而出现的。换言之，社会客观情况的变化导致二元标准从以往的同一（法官职业标准接受法官职业外部评价标准内容）走向分裂甚至冲突，法官职业标准尚未获得社会标准的接纳，在此过程中法官素质逐渐成为问题。

# 第四节　社会与法官素质

法官素质的具体内容随时空变化而有所不同，归根结底是因社会变化导致的。换言之，社会对法官素质具有决定影响。上文已述，社会变迁导致法官素质的二元标准出现新变化，当两者关系和谐时，法官素质不成为问题，但当两者关系不稳定之际，法官素质便凸现成为问题。社会的客观变化促使二元标准关系不断发生变化，法官素质问题亦随之处于消隐与显现的不断更替过程中。

社会领域纷繁复杂，为了研究的方便，笼统而言，本书将其归为经济、政治、文化等三方面并尝试从这三方面探讨社会对法官素质的影响。

法官素质与社会经济的发展状况息息相关，社会经济的变化导致法官素质内容发生了变化。主要表现在两个方面：

一是社会经济水平不断发展催生了法官职业的产生。经济生活的复杂，导致了立法增多，包括法官在内的法律职业者因此产生。现代法官制

---

①　参见范愉《简论马锡五审判方式——一种民事诉讼模式的形成及其历史命运》，《清华法律评论》（第二辑），清华大学出版社1999年版。

②　"社会转型理论"详见郑杭生主编《社会学概论新修》（第三版），中国人民大学出版社2003年版，第264—267页。

度产生的根本原因是经济生活领域关系日益复杂,各类纠纷日益增多,法官必须作为一个独立职业方能应对这一变化。

二是经济变化导致法官素质的法官职业标准不断提高。在经济生活简单的社会,法官只需要处理一些比较简单的日常纠纷即可,但当经济生活日益复杂,纠纷不断增多且复杂化之际,法官素质要求水涨船高,法官素质如不变化则无法承载社会对其的期望。西方法官历史发展证明法官的专业素质要求随社会发展不断提高。比如,法官培训制度是现代法官制度的核心内容之一,但这一制度不像其他法官制度如惩戒制度等在西方国家的发展历史那么长。原因固然很多,但社会情况尤其经济生活的复杂性是催生和促进这一制度的重要原因。例如在法国,很长时间里法官认为自己不需要培训,但之后随着社会经济生活的变化,他们逐渐发现如不培训则无法胜任审判工作。于是,从 20 世纪 50 年代末,全国各地都相继建立了各种司法职业学校。①

在中国,经济生活变化导致法官素质专业标准的改变,可从马锡五审判方式的命运反映出来。苏力教授分析道:"在中国,如果根据当时的标准来看,马锡五是一个合格的甚至是一位优秀的法官,因为他当时所处社会中需要解决的争议就是一些离婚或简单的农业社会中的犯罪案件。在革命根据地,也没有什么其他的检察官或警察可以利用,更没有比较完备的科学技术可以支撑,马锡五的所作所为可以说已经是典范了。但如果是以今天的上海、深圳等地人民法院对法官的要求,马锡五显然不能被认为是一个合格的法官——他不懂期货股票,不懂公司治理,不懂融资金融,不懂 DNA 检验,不懂公、检、法三家的配合,不懂复杂的审判程序,他根本无法履行起码的法官职能,也许今天他只能在中国目前的法院中搞一点立案或者某些执行工作。"② 期货、股票、公司治理、融资等诸事物彰显了中国社会经济生活近 20 年越来越复杂的事实。本书的研究也发现,中国法官素质凸显为问题的阶段恰恰是确立社会主义市场经济的 20 世纪 90 年代中后期。中国法院近 20 年来,案件类型也比前一时期更为多样。无论刑事、民事和经济等传统案件,还是海事、行政等新型案件,类型都更

---

① 参见最高人民法院司法改革小组编《美英德法四国司法制度概况》,韩苏琳编译,人民法院出版社 2002 年版,第 563—564 页。

② 苏力:《法官素质与法学院的教育》,《法商研究》2004 年第 3 期。

为细化。这意味着仅就数量与类型而言，法官审判案件的难度都较以往加大了。①

　　在现代社会，政治对法官素质的影响通常主要通过政党政治予以保证。各国政党政治一般均是以一定的制度或程序来掌控或影响法官素质具体内容的。许多国家从立法上规定法官应与政治保持距离，如 1993 年初，在法国国会竞选期间，两名法官 Thierry Jean – Pierre 与 Jean – Louis Bruguiere 参与一场政治辩论，他们彼此支持不同的候选人。但随后这两位都被提醒要恪守对待政治谨慎从事的责任。在竞选期间，司法部长甚至对所有法官发出了一道声明，要求法官保持谨慎并且务必保证政治中立。② 但是，实际上不少国家在法官选任时，法官的政治立场被作为重要的考虑因素。例如，美国虽然在立法上亦规定法官任职后需与政治活动保持一定距离，③ 但在选任前，美国联邦最高法院的大法官由总统提名，除专业素质外，总统往往考虑其政治立场。④

　　文化对法官素质也具有重要影响。不同文化对法官的范围、法官素质的具体内涵的认知不同。对英法美等西方国家而言，因为法治发展是内生自发型的，因此，社会与司法同质性高，二元标准差异并不明显。但作为后发外生型法治的国家，如中国，传统文化对现代法官素质尚具有不容低估的影响。文化对法官素质的影响首先是因为不同的文化对现

---

　　①　详见第四章相关图表的分析。

　　②　Jacqueline Lucienne Lafon, *Judicial misconduct*：*a cross – national comparison*, University Press of Rlorida, 1996, p. 47.

　　③　美国司法会议在 1943 年通过的一个决议规定：司法部门工作人员不能参加《哈奇政治行为法》（《美国法典》第 5、18 章）所禁止参加的政治活动。根据此法，法官不能积极参加党派选举之类的政治竞选活动。

　　④　总统选择最高法院的大法官的动机很复杂，但大多数总统一般都会考虑到以下要素的组合：1. 客观上职业上的表现；2. 政治上的可接受性；3. 意识形态的"合适性"；4. 其个人对总统的"魅力"；5. 地理的、宗教的、种族的、性别的和其他社会政治背景。其中，政治上的可接受性包括被提名人正式的政党信仰以及他是否可令人接受。美国 20 世纪总统提名的联邦最高法官与总统属于同一政党的任命从最低的 82.2%—98.6%。参见"美国：遴选法官的制度"，选自 Henry Abraham, *The Judiciary*（10ᵗʰed, 1996），载宋冰编《读本：美国与德国的司法制度及司法程序》，中国政法大学出版社 1998 年版，第 148 页。关于美国有关此方面的近来报道参见 David Stout：*Why does this page look this way?*, The New York Times（July 26, 2005），Republican and Democratic senators clashed today on whether the administration was cooperating enough in releasing thousands of pages of documents from earlier in the career of Judge John G. Roberts, President Bush's nominee for the Supreme Court.

代法官范围的界定不同会影响社会大众对法官素质的评价。西方现代法治本身主要是从基督教文化中诞生的,① 西方文化中社会大众对法律包括法官相关知识比较清楚,这样普通民众轻易不会将法官做扩展解释。但中国社会历史上并无上述西方的法律传统,普通民众对包括法官的现代法治理念十分陌生,所以易于将现代法官概念泛化。其次,东西方文化对法官素质内容要求不同。在西方国家,英美法系与大陆法系国家文化中社会对形式正义的尊重与理解自始存在。而中华法系在中国一统天下的时间长达千年,这一法系的基本特征即是诸法合体,追求实质正义,与西方的两大法系的传统显然不同。传统虽可以从制度被中断,但其影响依然隐性存在社会大众心目中不会轻易消亡。中国法官素质问题除上述因素影响外,文化不能不说是一个相当重要的原因。

## 第五节　法官制度与法官素质

上文主要分析了社会经济、政治与文化等对法官素质所具有的决定性影响。从二元标准角度观察,则会发现法官职业外部评价标准注重法官素质是否满足社会期求,主观性大,从此角度判断法官素质状况,应当主要考察社会综合因素。换言之,在一定意义而言,上述因素对法官素质的法官职业外部评价标准素质相对影响更大一些。而法官职业标准因为主要建立在法官职业固有特性之上,更能体现法官素质的职业特征,因此,法官制度作为内在因素要比作为外在因素的社会对法官职业标准影响更为直接。事实上,一国皆可通过完善法官制度来确保法官素质法官职业标准的实现,而法官职业外部评价标准则却很难随某一具体制度发生改变。

在现代社会,法官职业素质保障与法官制度建立与完善不可分离。法官制度具体指国家为了保证司法权的公正行使,所建立的关于法官的法律地位,法官来源和教育培训途径、选任方式,法官的身份保障,以及法官的管理,包括升任、考核、任期、弹劾、纪律惩戒等一系列制度的总和。法官制度通常是由一个国家的宪法、法院组织法和法官法等基本法律和法

① 参见［美］哈罗德·J. 伯尔曼《法律与革命——西方法律传统的形成》,贺卫方等译,中国大百科全书出版社 1993 年版。

院规则等加以确立和保证的。法官制度不仅被认为是现代法治的基本制度之一，也被认为是现代司法制度的基础。① 法官制度与法官素质主要表现在如下几个方面：

首先是法官身份保障制度与法官素质的关系。

法官身份保障制度与法官素质现实关系错综复杂，互为因果。但从大的方面主要体现为以下两个方面：

一方面，只有法官素质状况比较良好，社会成员才能放心赋予法官身份保障制度，法官的身份保障制度才能维持正当化。法官身份保障制度设立意味着社会给予法官一定的特权，但是，人类历史发展表明特权存在极有可能对社会常态构成威胁。近代西方资产阶级革命爆发在很大程度上就是针对当时封建阶级特权的存在。因此，社会在赋予法官特权时不得不十分谨慎，法官群体必须使社会确信获得特权后为社会服务而不会凌驾于其上。人类历史上的确出现过社会对法官素质怀疑，导致法官审判权力备受限制的先例。法国大革命对象之一就是当时那些身穿象征威严与公正的黑色长袍的法官，他们被称为"长袍贵族"，在社会大众的心目中代表的是反动与保守。范愉教授也指出："如果法官素质得不到保证，赋予法官特殊的身份保障就可能招致社会的异议和反对，司法独立也就很难真正实现。为了实现司法独立和司法公正，就必须从法官的来源、选任和管理等各个方面保证法官的素质，并通过专门的培训和教育制度，使法官在任职前学习和养成必需的职业道德和专业技能。现代法官制度就是要通过公正的选任程序和标准保证法官的素质，通过身份保障制度确保法官独立行使审判权，从而实现司法公正，保证司法的公信度和权威"。② 因此，法官素质获得社会的高度肯定就必然成为此制度设立的前提。

另一方面，法官身份保障制度是确保法官素质的前提。正如上面所谈论的，很难设想，社会公众对法官素质做否定性评价之时，司法公信力与权威能够建立。但是，法官若不能享有充分的身份保障，则极易受

---

① 法官制度与法官管理制度并非同等的概念，法官制度涉及国家司法权行使的基本法律制度，具有宪法意义，属于国家的根本政治制度之一，其核心是以司法独立为基本理念的法官身份保障制度。法官管理制度，则主要是指法官的人事管理制度，是附属于法官制度的。详见范愉主编《司法制度概论》，中国人民大学出版社 2003 年版，第 126 页。

② 范愉主编：《司法制度概论》，中国人民大学出版社 2003 年版，第 127 页。

到外界各种干扰与压力。因此，自从英国建立此制度后，现代世界各国普遍建立了法官身份保障制度。法官主要职责是审判纠纷，但审判结果若被包括纠纷当事人在内的社会大众接受则要求法官必须公正司法。公正乃主观价值判断，多种不同因素会影响人们的公正观。对审判者而言，审判结果公正性的前提是法官在整个诉讼过程中保持中立性。从理想状态而言，现代社会的法官应当尽量避免外界干扰，审判时只按照法律与其内心确信（良知）进行，只有这样，所做判决才能获得纠纷当事人与社会的真正承认，从而使司法定争止纷功能得以发挥，使社会回归正常状态。

人类社会历史发展证明，实现法官独立审判原则是达至审判结果公正的必要条件[1]。传统社会法官主要凭借个人修养来实现独立审理，但制度保障的缺乏，往往导致法官难以承受来自外部的压力从而保持中立立场。现代社会各国都试图通过建立完善系统的法官制度，使此一原则得以真正落实。这一原则具体主要指，法官独立审判仅仅依据法律与良心审判，不受来自外界（包括强权、社会舆论和人际关系等）与法院内部（包括通过行政管理与人事变动等）的干扰。按照《司法独立世界宣言》规定，法官独立审判即"每一法官均应自由的依据对于事实之判断及法律之了解，公平的决定所系属之事务，不受任何地方及任何

---

① 现代司法的基本原则是通过司法独立来保障司法公正。1985 年第七届联合国预防犯罪和罪犯待遇大会通过并经同年联合国大会批准了《关于司法机关独立的基本原则》，该文件明确要求："各国应保证司法机关的独立，并将此项原则正式载入其本国的宪法或法律之中。尊重并遵守司法机关的独立，是各国政府机关及其他机构的职责。""司法机关应不偏不倚、以事实为根据并依法律规定来裁决其所受理的案件，而不应有任何约束，也不应为任何直接或间接不当的影响、怂恿、压力、威胁或干涉所左右，不论其来自何方或出于何种理由。"司法独立通常有三个层面：首先，司法的外部独立。这意味着司法权独立于立法权、行政权以及其他社会政治权力，不受其操纵、干涉与影响。其次，司法的内部独立，即法院独立。这要求法院内部严格区分司法行政权和审判权，正确处理上下级法院的关系。最后，法官独立。具体包括以下三个方面：法官不受任何非法官的干涉；不受法院内部其他组织或法官的干预，也不受上级法院的干预；不受承审同一案件的审判组织内部其他法官的干涉，法官只受法律与良知的拘束。但是，法官独立审判的实现，一个前提首先是法官素质能够得到保证，否则，法官素质出现问题将会导致社会大众丧失对司法（法官）的信心，最终摧毁司法的威信。因此，为了实现司法独立，国家就必须从法官来源、选任与管理等诸多方面保证法官素质。"现代法官制度就是要通过公正的选任程序和标准保证法官的素质，通过身份保障制度确保法官独立行使审判权，从而实现司法公正，保证司法的公信度和权威。"范愉主编：《司法制度概论》，中国人民大学出版社 2003 年版，第 127 页。

理由限制、影响、诱导、压力或干涉"①。为此，法官应当不受物质与环境条件所迫，不因审判结果而遭受不利。这就要求社会给予法官相对安定的物质环境与一定制度保障，对其审判行为出现的过错适度豁免。这一原则体现在制度上即为法官身份保障制度的建立。现代国家均通过宪法、法院组织法以及法官法等相关法律，赋予法官特殊的身份保障，即法官一经任命便享有应有的待遇、地位与豁免权，非经法定程序不得被随意更换、免职、调任与降职。当法官的身份独立真正得以保障之后，他才可免除后顾之忧，抵御干扰，只依靠法律和良心办案。②

其次是法官遴选制度对法官素质的影响。

法官遴选制度是有关法官选拔的制度，即初审法官选拔与在职法官晋升制度。法官遴选制度是选拔法官的第一道程序，这一程序直接决定了哪些人可成为法官。好的遴选制度恰如过滤器，可将那些不具备法官素质的人在源头上排除在法官职业的门槛外。如果遴选制度出现问题，则会导致不符合法官素质的人进入法官职业领域，其结果将导致司法功能失调，社会对司法的期望落空。因此，法官遴选制度是法官制度中对法官素质影响最大的制度。从此角度而言，这一制度是确保法官素质关键。因此，各国均对法官遴选制度高度重视，在相关法律如《法官法》中作出明确规定。

西方主要国家法官遴选制具体而言主要存在大陆法系与英美法系两种

---

① 《司法独立世界宣言》（1983年6月10日，在加拿大魁北克、蒙特利尔举行之司法独立第一次世界会议全体大会一致通过），参见周道鸾主编《外国法院组织与法官制度》，人民法院出版社2000年版，第587页。

② 这一制度发端于英国，1688年光荣革命之后，英国规定法官只要行为良好即可继续担任法官而不必屈从国王的意志。1760年《乔治三世法》重申了这一原则，规定国王依据议会提出的合理理由可以解除法官的职务。近代之后，随着司法独立成为现代司法的基本原则，世界各国也普遍建立了法官身份保障制度。1985年第七届联合国预防犯罪和罪犯待遇大会通过了《关于司法独立的基本原则》和一些国际公约所规定的司法独立的最低标准，都要求建立法官身份保障制度。因此，通常认为法官身份保障制度已经成为现代司法制度的基石。这一制度主要包括以下几个方面：1. 法官职务的保障；2. 法官物质生活及社会地位的保障，具体包括高薪制、工资收入不得减少制度以及法官退休制；3. 法官职务的豁免权。详见范愉主编《司法制度概论》，中国人民大学出版社2003年版，第126—131页。

模式。这两种模式虽然存在诸多差异①，但对法官素质要求至少在技术性层面上具有相当多的共同性。因为法官职业标准分为专业素质标准与职业道德标准，两大法系的遴选制度原理即是从制度上确保上述法官准入与晋升标准的落实。具体而言，其共同性表现为：

其一，强调法官必须具备专业化知识（具有一定的法律背景，或相应的大学学历或者有法律专业知识）。无论是大陆法系国家，还是英美法系国家，均要求担任法官者，必须经过系统的、专门的法学学习，必须拥有扎实的法律专业知识。为此，法官候选人必须通过法律专业资格考试，而这一考试具体形式各国并不相同，大致分为直接的法官资格考试与过渡职业的考试。如不少大陆法系国家明确担任法官必须通过两次司法考试。英美法系国家法官从律师中选任，而律师此前必须经过严格考试。为此，必须经过一定时间的任职培训。任职前的培训，是对拟任法官进行的审判实务培训。培训内容也是针对从事法官职业、审判工作所必须掌握的知识和技能开展的。大陆法系更为突出，培训不合格，不能被任命为法官。德国的职业培训非常严格，时间长达两年半。意大利有实习制度，司法考试合格者必须参加由国家最高司法委员会主持的为期 18 个月的培训，主要在法院等部门，由法官指导从事法律实务工作。培训合格后根据法官职务的空缺，才有可能做法官。

---

① 两大法系的法官遴选制度主要体现在具体模式不同。大陆法系国家的模式是：法官作为法律职业者与检察官、律师等其他法律职业分别选任和管理，法官遴选一般实行司法考试加职业培训模式，即法官经过严格的遴选条件和司法考试获得培训资格，通过特定的职业培训方式获得任职资格，经过法定程序任命后，一般终身任职。德国法官资格要经二次考试合格方能取得。大学法律专业毕业，实习 3 个月才符合参加第一次司法考试的条件。第一次国家司法考试合格，参加两年半法律职业训练后，通过第二次考试的，具有从事法官、检察官、律师工作的资格。与大陆法系国家不同，英美法系国家历来强调法官必须由富有实务经验且道德学问优秀的人士担任，法官一般从律师中选任。不像大陆法系国家，英美法系担任法官不需要参加考试，但要有一定从事律师工作的经历，而从事律师则必须具有法学院的毕业资格，并通过律师资格考试。从学生到律师到法官是一个漫长、充满挑战的过程。正是由于这个过程的严厉性、漫长性使得英美法系的法官具有优良的法律专业素质。在英国，从出庭律师任命法官开始于 12 世纪，已经成为惯例。另外，根据法律规定，英国除治安法官以外的法官都只能从参加全国 4 个高级律师公会或初级律师协会的成员中任命，且至少有 7 年的出庭律师资历，担任高等法院法官须有 10 年以上出庭律师资历，担任上诉法院法官须有 15 年以上出庭律师或者两年以上高等法院法官的资历。具备法官任职资格的人士，需要经过由业余法官、法律界人士所组成的专门委员会进行面试和严格的选拔，才有可能被确定为法官候选人。美国也要求担任法官必须有多年的法律工作经历，大多数法官都从优秀的律师中选任。美国联邦最高法院 9 名法官中多为律师或法学家，从下级法院晋升的法官很少。

其二，强调法官职业经验，即从事法官工作必须具有一定的法律工作经历。有的国家可以是广义的法律职业经历，有的则强调要参与诉讼活动，有的还对不同层级法院的法官提出不同的法律工作经历的年限要求。这样不仅能够保证法官的专业素质，更重要的是保证法官能够以其丰富的经验独立处理审判中遇到的问题。

其三，强调法官的品格。法官的职责是定纷止争，在人们心目中，法官代表社会的良知与正义，法官不仅要熟练掌握法律专业知识，更要有高尚的人格和品德。法官的道德品格事关司法公正。世界各国都要求法官具有良好的司法品性和职业能力，并建立了一套严格、公开、社会各界参与的法官遴选机制，来保证具有高尚品德和优良素质的人担任法官。

其四，必须经过符合法官职业特点的严格的选拔任命程序。无论是大陆法系国家，还是英美法系国家，选拔任命法官都有一套严格的法律程序，不同于一般公务员的任职。在大陆法系国家，法官被称为特殊公务员，与其他公务员既存在职权与身份上的区别，又存在一定的联系和共同点。在法律职业集团内部，法官固然具有最重要的地位与权威，但其就职资格和条件与其他法律职业并无本质不同。而英美法系国家与之不同，其法官一般具有高于其他任何公务员的特殊地位，相当于政务官员（高等文官），同时，法官属于法律职业集团中地位与素质最高的精英阶层，其资历和道德威望明显高于律师。[①]

再次是法官惩戒制度对法官素质的影响。

因为事关纠纷解决与公平正义的实现，法官职务行为正当性是法官制度设计时必须考虑的问题。现代国家均对法官职务行为的规范性十分重视，对法官贪赃枉法、失职渎职的司法责任明确作出了法律规定。法官惩戒制度即是针对法官执业过程可能出现的失职行为而设计的处罚性制度。法官惩戒制度的目的与功能包括两个方面：一是从身份保障制度的原则出发，避免用普通程序或行政程序追究法官责任，对法官身份及其独立加以特殊保护；二是由于法官的责任重大，国家和法律职业集团都需要对法官行为严加约束，对于违法失职行为严格处理，以确保法官的职业道德和司法公正。

为此，各国都建立了专门的法官弹劾程序或惩戒制度，用于处理法官的过错行为，并以此决定是否解除其身份保障。法官惩戒制度大致可分为

---

① 范愉主编：《司法制度概论》，中国人民大学出版社 2003 年版，第 135—136 页。

法官弹劾①与纪律惩戒②两种形式。与英美法系国家相比，大陆法系国家弹劾事项范围更为广泛③，不仅包括其职务行为，也包括其职务外行为；不仅包括犯罪，也包括严重的失职和有损法官威信的行为；弹劾的结果不仅包括定罪和免职，还包括调职和命令退休等方式。④ 具体而言，其一，惩戒机构均有专门规定，现代国家明确惩戒的机构应是司法机关而非行政机关。日本宪法就规定，法官违反职务上的义务时，对其进行惩戒处分由司法机关自行处理。法国为了有效保证司法独立，由宪法规定成立最高司法委员会，其职责之一就包括对于法官、检察官的惩戒。1960 年，美国联邦法院、50 个州以及哥伦比亚特区都实行了法官惩戒、法官免职、强

---

① 法官的弹劾制度，是一种对法官违法犯罪进行追究的特殊程序。弹劾的程序非常严格，一般是由议会的专门委员会进行调查和处理，并给予受到弹劾者以申辩的权利，并需要通过议会（众议院或者参议院）的投票，由多数（有时需要 2/3 以上）通过决定是否需要以及如何对法官进行惩戒和罢免。英美法系国家一般规定，法官非经弹劾程序不被免职，也不受其他形式的惩戒。美国法官被弹劾的事由仅限于法官的犯罪行为，不包括其失职行为。这就表明，法官因为过失发生裁判错误，不属于应受弹劾的事项。法官一旦遭到弹劾，即应免职。例如，在美国，联邦法院法官基于"叛国、贿赂，以及其他严重的罪行和轻罪"等可以被众议院弹劾，被参议院 2/3 投票通过定罪。不过，到 1999 年，在美国历史 200 多年中，只有 13 名法官被弹劾，并且只有 7 名被定罪。参见［美］史蒂文·苏本等《美国民事诉讼的真谛》，转引自范愉主编《司法制度概论》，中国人民大学出版社 2003 年版，第 140 页。

② 惩戒程序通常认为有广义、狭义之分。广义的惩戒程序包括或者等同于弹劾程序；狭义的惩戒程序指区别于弹劾程序的纪律惩戒。在英美国家，传统上对弹劾和惩戒不作区分，仅有弹劾而无惩戒程序，只有经过弹劾程序定罪后，才能对法官进行惩戒与罢免。但由于美国弹劾程序启动极为困难复杂，因此各州法院都建立了各种其他惩戒程序。例如，州长根据议会的"劝退书"对法官免职。由州最高法院对法官进行训诫、停职、退休或者免职等。根据 1980 年的议会立法，最高法院、联邦法院的法官还受制于一个由 12 个巡回上诉法院组成的司法理事会所规定的惩戒秩序。参见宋冰编《读本：美国和德国的司法制度及司法程序》，第 145 页。大陆法系国家在法律上对法官的弹劾和一般的纪律惩戒，惩戒制度及程序属于一种针对法官的失职行为进行的纪律处分。比如，可以对失职的法官予以警告、罚款、减薪，停职甚至免职的处分。例如，德国设有法官纪律法院，对法官的违法行为，法院院长只有作出警告处分的权限，其他较重的纪律处分均由法官纪律法院决定。纪律法院受理法官违纪案件，法官只有通过审判程序和判决才能被开除。美国尽管在惩戒规定分为"单轨制"与"双轨制"两种，但是对于免职处分，被控法官可以就惩戒委员会或惩戒法庭所做的决定向最高法院提起上诉。

③ 这反映出在制度设计上大陆法系对法官的信任度明显要低于英美法系的价值取向。

④ 例如，德国《基本法》规定，联邦法官于职务上或者职务外违背基本法的基本原则或者各邦的宪法秩序时，按弹劾程序，由议会提出指控，由宪法法院予以审理并以 2/3 多数表决同意，判令该法官调职或者退休；若是蓄意违反规定可以判令罢免。日本《弹劾法》规定，法官弹劾事由包括"明显违背职务上的义务或严重怠于履行职务，及明显有失法官威信之行为"。日本法官弹劾由国会设立的弹劾法院审理。参见［美］史蒂文·苏本等《美国民事诉讼的真谛》，转引自范愉主编《司法制度概论》，中国人民大学出版社 2003 年版，第 140 页。

制退休等法官管理制度，执行这些职能的机构是各种形式的惩戒委员会、特别惩戒法庭，或兼而有之。① 其二，惩戒原因规范化与法定化。为了确保法官正常行使职责，现代很多国家对法官惩戒在制度上规定十分审慎，惩戒原因必须规范化与法定化，甚至呈现出与司法程序相类似的特征。② 日本《裁判官弹劾法》中规定法官的弹劾事由为：（1）显然违背职务上的义务，或重大懈怠职务时。（2）其他不论职务内外，有严重损及法官威信的不良行为时。

最后是法官培训制度对法官素质的影响。

法官职业特殊性决定其仅有一般学历（即使是法学教育的学历）尚不足以胜任审判工作。当下多数国家都建立了专门培训机构。法官培训分为任前培训与在职培训。如前所述，任前的培训主要与法官选任有关系。而在职培训则旨在帮助法官任职期间获取审判需要的新知识与能力。

美国最高法院附设联邦司法中心，负责研究改进司法工作和训练司法人员，还建立了各种培训机构。主要包括，设在华盛顿的联邦法官培训中心（负责对联邦法院所有法官的培训工作）；在内华达州的雷诺市设立的全国法官学院（负责对各州地方法院法官的培训工作）；各州设法官培训和研究中心；专业法官培训学校。德国设有法官进修学院，专门培训在职法官。学院分为两部分，分别分布在南方与北方。法官可以根据学院提前半年公布的课程选课。课程安排有50%是法律、审判专业课；25%是与法律相关的学科课；还有25%是其他辅助专业课。日本最高法院设置司法进修所（司法研究所）。司法进修所（司法研究所）分为三个部分，分别对在职法官、司法见习生与司法行政官员进行培训。印度规定对各级法官进行培训，尤其对新任法官必须进行上任前培训。泰国1987年在曼谷建立了法官培训学院，承担全部法官培训任务，分别对初任法官、晋职法官、资深法官和法院其他工作人员培训。韩国1970年成立司法研究与培训学院，除参加经过司法考试合格的人员进行两年的培训外，还承担在职法官的再教育任务。③

---

① 只设一个惩戒委员会或者一个特别惩戒法庭的做法称为"单轨制"；设有两个委员会或者一个委员会与一个特别法庭的做法称为"双轨制"。参见俞甲乙编译《美国联邦及各州司法惩戒制度》，《法律适用》2003年第9期。

② 蒋惠岭：《论法官惩戒程序之司法性》，《法律适用》2003年第9期。

③ 周道鸾主编：《外国法院组织与法官制度》，人民法院出版社2000年版，第337—354页。

# 第二章

# 现代西方主要国家法官素质考察

　　前面两章主要讨论了法官素质基本原理，从本章开始，将运用这些原理考察法官素质的实际情况。法官素质问题各国皆有，究竟应当选取哪国研究更为合适？经过仔细考虑，本章将重点考察那些已被公认法治建成的西方国家法官素质的实际情况。因为，西方法治建成国家在历史上也曾遭遇过类似中国今日的法官素质问题，后均采取各种举措解决了此问题。从此而言，西方国家显然能够给中国提供更多的启示。但因西方各国法官素质情况千差万别，所以不可一一都予考察。虽然同一法系内的国家具体情况仍有不同，但相比较而言，不同的法系国家的国家差别更大。因此，本书主要以两大法系为依据，同时兼顾同一法系国家仍有差别这一情况，决定考察如下四国的法官素质：英国、美国、法国与日本。

　　需要说明的是，本章主要考察对象是当今西方四国法官素质的现实情况，对其历史发展虽有涉及但并未深入研究。因此，在这里对四国的法官素质情况整体发展做一总体说明显然必要：这些国家均已解决当下中国面临的法官素质问题，但经历了一个时间演变的过程。其间，社会对法官素质的具体情况变化影响巨大，主要表现在：这些国家都在近代化过程中建立了市场经济，而正是经济关系的根本变化引发了社会变迁，导致社会关系日益复杂，纠纷日益增多，客观情况的变化引发了法官素质具体内容的变化。这些国家都在近代化或现代化过程中先后真正落实了法官身份保障制度，比较彻底地贯彻了法官独立审判的原则。这些国家在历史发展中逐步建立了适合本国情况的、完善的现代法官制度，当然这些法官制度在解决法官素质问题时都具有明显的本国特色，都深深打上了各自国家的烙印。

# 第一节 英美法系国家法官素质考察

美国法学家梅利曼在《大陆法系》一书中早已指出，大陆法系国家法官地位较之普通法系法官实则大为逊色。[①] 在大陆法系，司法工作是一个官僚职业，法官被定位为职员、公务员；法院作用狭窄、机械而又缺乏创造性。[②] 而"生活在普通法系国家的人们，对于法官是熟悉的。在我们看来，法官是有修养的人，甚至有着父亲般的慈严。普通法系国家有许多伟大的名字属于法官：科克（Coke）、曼斯菲尔德（Mansfield）、马歇尔（Marshall）、斯托里（Story）、霍姆斯（Holmes）、布兰代斯（Brandeis）、卡多佐（Cardozo）。普通法系的最初创建、形成与发展，正是出自他们的贡献。……我们对法官的来源也同样熟悉……被任命或选举为法官，常被看成是一生中姗姗来迟的辉煌成就，也是对其尊敬和威望在形式上的承认。法官的薪俸优厚，如果在高一级的法院任职，还会配有秘书和研究助手。如果出任州最高法院或联邦法院系统的法官，那他的名字更会是家喻户晓，他的观点将引起报界的关注，并受到法律杂志的分析和评论。总之，他成了举足轻重的人物"。[③]

西方法律传统虽被分为两大法系，近年来也出现相互融合的倾向，但仍然在诸多方面存在差异，法官素质情况亦是如此。本节主要考察英国与美国的法官素质情况。

## 一 英国

研究一国法官素质问题之前，首先必须清楚这一国家的法官基本情

---

[①] 两大法系法官此方面差异也可见 *Judicial activism in comparative perspective*，edited by Kenneth M. Holland，St. Martin's Press，1991，introduction p. 8.

[②] ［美］约翰·亨利·梅利曼：《大陆法系》（第二版），顾培东、禄正平译，法律出版社2004 年版，第37—38 页。

[③] 同上书，第34—35 页。

况。在英国①，依据审级不同法院②包括上议院、上诉法院、高等法院、刑事法院、郡法院与治安法院，相应地法官可分为上诉法院法官、高等法院法官、刑事法院法官、郡法院法官与治安法院法官。按照审判性质不同英国法院又可分为刑事法院系统与民事法院系统，③ 法官可分为刑事法院的法官与民事法院的法官。根据专职与否，法官又可分为职业法官与非职业法官。在英国，后者的数量远远多于前者。④

　　虽然审判等级、审判性质对法官素质都存在一定影响，但职业法官与非职业法官在素质要求上存在的差异却是根本性的，主要表现在专业素质方面。非职业法官（主要指治安法官）虽易建立一套相对完善选任、培训等制度，但专业素质要求明显没有职业法官严格。治安法官在治安法院适用简易程序审理简易罪（summary offences）。治安法官分为带薪治安法官（stipendiary）与不带薪的治安法官（magistrate）。这两种治安法官具体审理的方式不同，"如果是不带薪的治安法官审理，通常由三名治安法官组成审判庭共同审理。带薪治安法官审理时，可以独立进行审理。但无论是带薪或不带薪的治安法官，都有法院书记官作为助手"。⑤ 如果被告人认罪，就不再出示证据和传唤证人，由治安法官直接量刑。治安法院审判案件程序简单，费时少，效率高。1993 年，英国全国有 550 个治安法院，治安法院主要由非法律专业人员担任法官，这些法官共有 26000 人。

---

　　① 英国（全称"大不列颠及北爱尔兰联合王国"）包括英格兰、威尔士、苏格兰与北爱尔兰四个地区。实际上，英国法院设置并不统一，正如 Henry Abraham 所指出的"把大不列颠或联合王国的法院视为统一的司法系统是不正确的。事实上，在大不列颠和北爱尔兰联合王国存在着三个不同的法院系统：一个属于英格兰和威尔士，一个属于苏格兰，另一个属于北爱尔兰。只有在最高上诉法院一级的英国上议院才能谈得上统一的联合王国司法系统；因为起司法作用的上议院代表了英国的终审上诉法院，只有极少数来自苏格兰、北爱尔兰以及英格兰和威尔士最高法院的案件才能进入上议院。"Henry Abraham, *The Judicial Process*, Oxford University Press, 1993, pp. 245—255。

　　② 1936 年《威尔士法》规定英格兰与威尔士的司法体制实现了完全的统一。囿于篇幅，本书主要研究英格兰与威尔士的司法系统的法官。

　　③ 英国与美国都不具有法国那样完整的行政法院系统，英国有一些行政裁判所，详见 Henry Abraham, *The Judicial Process*, Oxford University Press, 1993, pp. 245—255。

　　④ 职业法官不到 500 名，非职业法官人数高达到 26000 多名。

　　⑤ 李洪朗：《审判改革：扩大治安法官权限——英国《司法改革白皮书》内容之二》，载"中国法院网"，发布时间：2003 年 4 月 10 日。

其中，除了 60 名左右的职业专职治安法官享有薪金，① 其他治安法官都是义务任职的法官，不拿报酬。在英国，治安法官是个荣誉性职位，只有少量的补贴，但这个职位享有很高的社会名望，一般都是地方中上阶层的人士才有可能担任此职，并以能在其名字后加上治安法官的头衔（Justice of the Peace）而视为一种荣耀。② 非职业的治安法官一般要经过一段时间的专业培训③，在其出庭时，旁边有司法书记官等精通业务的法律专业人员为其提供咨询意见，这些人还负有监督法院审判活动的职责。④ 非职业法官一般由当地的知名人士组成，这些人要有工作能力并能代表选民的利益。除专业素质之外，在法官道德素质要求方面，非职业法官与职业法官是相同的。治安法官往往是当地能力非常强而且口碑很好的人，这些人担任法官基本上都是出于公益心而并不在意物质报酬，对他们而言，担任法官更多的是一种对其人格的肯定，是一种社会荣誉。

虽然治安法官起源于英国，但职业法官却最能体现英美法系法官的特征，即法官拥有其他国家的同行们所无法比拟的地位与荣誉。英国法官在历史上常常站在人民立场来反对统治者滥用权力，因此，普通民众以及其他法律职业对法官高度信任⑤，认为职业法官即为社会正义公正的代表。事实上英国职业发展的历史也充分证明了这一点，自《1701 年王位继承法》（Act of Settlement 1701）⑥ 颁布以来，英国高等法院并无一名法官遭受到弹劾并被罢免，而郡法院在 1846 年成立以来也仅有 2 名法官受过上

---

① 英国刑事法院系统最低一级的是不带薪提供义务服务的非职业法官，即太平绅士（Justice of the Peace）与治安法官（Magistrate）。英国目前有 26000 名这样的法官。在大城市初审法院只设立带薪治安法官（Stipendiary Magistrate）。后者与前两者最大的不同是必须由职业律师担任，通常为开业律师（Barrister）。

② 周道鸾主编：《外国法院组织与法官制度》，人民法院出版社 2000 年版，第 137 页。

③ 被选任法官的人要接受两个阶段的培训，第一阶段是岗前培训；第二个阶段是任职后一年内培训，培训的目的是让法官掌握基本法律知识。在 1979 年之后，英国的职业法官也必须接受培训。

④ 周道鸾主编：《外国法院组织与法官制度》，人民法院出版社 2000 年版，第 137 页。

⑤ 参见［美］约翰·亨利·梅利曼《大陆法系》（第二版），顾培东、禄正平译，法律出版社 2004 年版，第 16 页。

⑥ 议会在驱逐了詹姆斯二世之后于 1701 年通过《王位继承法》时，对法官的地位予以了规定，确认法官在职期间要品行良好，而不是求得君主满意，法官除两院弹劾外不得被免职。

述处分。① 社会对普通法院的肯定甚至出现如下溢美之词"我们的法官不但享有崇高的职业尊严,并且和地方治安官一样从不腐败,他们的品格就如同恺撒大帝对其妻子的赞誉——冰清玉洁且毋庸怀疑"。② 近年来英国司法改革的呼声高涨,且有诸多实质性举措,③ 但其中对法官的改革内容却是要求对其职权加强,表明英国法官素质赢得了社会极大的信任。在此过程中,职业法官④与治安法官⑤都获得了更多的权力。

英国社会在很多方面给予法官诸多特殊待遇。整个社会大众对法官高度信任,赋予了法官独立审判的权力。英国社会自知司法具有与立法、行政权力不同特性,法官必须独立审判,才能不受任何外来干扰公正司法,最终产生中立裁判的社会效果。为此,社会很早就赋予法官身份保障,从制度上免除了法官审判中的后顾之忧,从而能够全身心投入审判,这一制度具体落实到物质待遇方面即为法官乃英国高薪收入阶层。法官一旦被任命后,对于他们的报酬与其他职务条件(包括退休金),任何机关不得作出不利的变更。一切都从"统一基金"中支出。⑥

英国职业法官素质获得如此肯定,其中最重要的原因是其与律师素质关系紧密。因为英国法官遴选制度规定职业法官通常都从优秀律师中选任。在英国,年轻法官难觅其踪,"与大陆法系国家不同的是,英国所有

---

① 转引自最高人民法院司法改革小组编《美英德法四国司法制度概况》,韩苏琳编译,人民法院出版社 2002 年版,第 325 页。

② M. Madan, Thought on Executive Justice (London, 1785), pp. 20—21, cited from Jeffrey K. Sawyer, "Judicial Corruption and Legal Reform in Early Seventeenth – Century France", *Law and History Review*, Spring 1988, Vol. 6, No. 1.

③ 如大法官制度的改革,解决了英国长期以来的从形式上司法不独立的问题。详见胡健《英国大法官制度的历史流变》,《广西政法管理干部学院学报》2005 年第 1 期。

④ 1999 年 4 月 26 日,这是一个英国法制史上不可忘记的重要日子。英国新《民事诉讼规则》(Civil Procedure Rules) 正式生效,其中一项举措是加强法院对案件的管理,强化法官职权。徐昕:《英国民事诉讼改革之进程——兼评英国新〈民事诉讼规则〉的特点》,载法源网 http://www.fayuan.net,最后访问日期:2006 年 6 月 9 日。

⑤ 近年来的《司法改革白皮书》建议中就有扩大法官职权的内容:其一,扩大治安法官权限,将判决权从 6 个月延长至 12 月,要求他们判决所有被他们发现有罪的人,而不必将其中一些移交刑事法院判决;其二,将那些原本由陪审团参与审理、案情严重复杂的欺诈案件,其他复杂而冗长的案件,或者陪审团有受到恐吓威胁的案件,改由刑事法院法官独任审判。这表明英国社会对法官素质高度肯定,否则很难赋予其更大的权力。详见李洪朗《审判改革:扩大治安法官权限——英国〈司法改革白皮书〉内容之二》,载中国法院网,发布时间:2003 年 4 月 10 日。

⑥ 所谓统一基金,就是有保障而不列入预算的一种固定基金,详见周道鸾主编《外国法院组织与法官制度》,人民法院出版社 2000 年版,第 145 页。

的各级法官都是从律师中产生，而高等法院的法官更是几乎全部从杰出的出庭律师（Barrister）中产生。对法官候选人在资历、经验、业绩和人品方面的严格限制，使在 40 岁以前能被任命为法官成为极为罕见的事情"。① 在英国，职业法官的每一级法官均直接从律师中选任，即使法院内部由低向高晋升的法官比例很小，但这些法官也是出身律师。

法官遴选制度决定了英国律师素质对法官素质影响巨大。上述二者的关系并非始于今日，法官从律师选任是英国传统。英国今日法官素质并非一朝一夕形成的，而是历经漫长的时间发展。虽然对英国法律历史马修·黑尔说过："要想弄清英国法的起源，就跟在纵横交错的水网中找到尼罗河的源头一样难。"② 但回溯过去，英国律师素质的发展变化却相对清晰，而律师素质的历史变迁在一定程度上反映出法官素质的变化。中世纪后期英国律师特别遭到人们指责与痛骂。③ "在过去的几个世纪，律师一直和国王、教士、贵族密谋把暴虐的'诺曼枷锁'强加在生而自由的英国人民身上。应当消除一切歧视，由圣徒来执行或者由地方法院选举出的人民代表来执行，不给律师留下任何角色，不给革命前的政治和社会秩序的许多残余力量留下任何角色。"④ 1660 年后对出庭律师不道德行为的抱怨似乎减弱，但是"在《王位继承法》（1701）确立受薪法官之独立性从而减少（如果不是消除的话）律师界和法官勾结腐败的现象之前，传统的疑虑肯定是不会消除的"。⑤ 在《王位继承法》（1714 年生效）颁布后，"充分、持久的司法独立导致司法廉洁状况的形成，最终促成法官们形成审判独立与公正习惯。1700 年后事情日渐好转，直到今天英国这样廉洁自律的司法形象的形成"⑥。

当代英国律师素质要求非常严格，直接保证了法官素质。具体而言，

---

① 周道鸾主编：《外国法院组织与法官制度》，人民法院出版社 2000 年版，第 144 页。

② 陈灵海：《巡回法官和英国法的起源》，载中国法院网，发布时间：2003 年 4 月 28 日。

③ Wilfrid Prest, *Judicial Corruption in Early Modern England*, Past and Present, 133 (1991), p. 78.

④ ［英］威尔弗雷德·波雷斯特：《欧美早期的律师界》，傅再明、张文彪译，中国政法大学出版社 1992 年版，第 68—70 页。

⑤ Wilfrid Prest, *Judicial Corruption in Early Modern England*, Past and Present, 133 (1991) 91.

⑥ Maitland, *Constitutional History of England* (Cambridge, 1911), pp. 312—313; Baker, *An Introduction to English Legal History*, 3rd ed. (London, 1990), pp. 190—193.

任职法官之前，律师已经过严格专业训练，具备良好的职业道德素质，为法官素质打下牢固的基础。例如，在英国，高等法院法官已经达到了法官职位的顶峰，虽然高等法院法官经常从下级法院法官中选任，但大多数下级法院法官并不指望有定期晋升的机会，对进一步升入上议院等更无多大兴趣。因为法官职位虽在业务上存在些许差别，但在名誉和经济利益方面的刺激与诱惑却很小。法官地位与威望崇高，成为法官本身即是对律师的一种荣誉与事业肯定。法官收入虽然很高，但却明显低于优秀律师。因此，律师转为法官的人并非基于其经济因素的考虑。高等法院法官与下级法院法官的薪金收入相差不大，法官不会因企图增加收入而希望晋升。高等法院法官通常在任职 10 年以上的大律师（Barrister）① 中挑选。此时这些人大多数已成为了皇家大律师（Q. C）。对他们而言，法官与其是新职业开端，毋宁是律师职业至于顶峰的荣誉象征。② 法官从优秀律师中选任保证任职者能够真正担负起职业责任。事实上，在今日英国因为律师圈子狭小，对谁更合适担任法官相对而言也容易达成共识。担任法官的人从某种意义上也是"众望所归"。"这可在一定意义上避免政党、行政团体在考虑法官提名上的干预，确保法官能够赢得整个法律界的敬重。"③ 这样英国高等法院法官特点为：他们大部分来自社会的中上阶层，受过良好的教育，绝大部分毕业于牛津、剑桥与伦敦大学；他们直接从重点中学升入重点大学；为准备律师考试还要按法律与判例的约束进行严谨的学习；进入律师公会（出庭律师组织）后，接受的是传统的法律思维和技巧的训练。

## 二　美国

美国之所以成为当今世界最强盛的国家，原因之一是其存在一套独特

---

① 成为大律师需要严格的条件：第一，必须得到四大律师公会即林肯、格雷、内殿与中殿律师学院认可的资格；第二，需要通过大律师资格考试（通过率一般在 60% 左右）；第三，需要在有经验的大律师指导下，做 1 年的见习律师。在英国，没有大律师资格不得申请成为法官。法院重要职位均有 10 年或 15 年以上的大律师执业资历的要求。正因为律师资格获取的难度很大，律师各方面素质都很高，最终保证了其作为法官之后的高素质。

② 周道鸾主编：《外国法院组织与法官制度》，人民法院出版社 2000 年版，第 144 页。

③ 同上书，第 145 页。

的司法制度。① 美国拥有相当复杂的法院系统，单就普通法院而言包括②
联邦法院与州法院③，以此为标准美国法官可被分为联邦法官与州法官，
包括联邦最高法院（U. S. Supreme Court）法官、联邦上诉法院（Federal
Court of Appeal）法官与联邦地区法院（Federal District Court）法官，州
法官分为州初审法院法官（包括治安法官）、州上诉法院法官④与州最高
法院法官。⑤

　　美国法官均需具备专业素质与职业道德素质要求。在专业素质方面，
联邦法院与州法院法官因审判任务与工作性质不同要求不尽相同，美国联
邦法院法官职业标准比州法院法官严格⑥。具体而言，联邦法院法官与州
法院法官（特别是最高法院、上诉法院与具有普通管辖权的初审法院的
法官）都要求专业知识与法律工作经验，即在美国大学法学院毕业并获
得 JD 学位，经过律师考试合格，取得律师资格，并从事律师工作若干

---

　　① 当今各国在现代化过程呈现竞相效仿乃至模仿美国制度的态势，对此需要警醒的是早在
19 世纪法国思想家托克维尔在《论美国的民主》一书便明确指出美国制度的唯一性，他说："美
国的联邦宪法，好像能工巧匠创造的一件只能使发明人成名发财，而落到他人之手就变成一无用
处的美丽艺术品。"［法］托克维尔：《论美国的民主》（上卷），董果良译，商务印书馆 1988 年
版，第 186 页。
　　② 为了减轻普通法院的负担以及解决公共领域特殊问题，美国还设立了许多联邦专门法
院，诸如联邦索赔法院、联邦关税法院、联邦税收法院、国际贸易法院、破产法庭、军事上诉法
院与美国退休军人上诉法院。详见 Jethro K. liebreman, *The role of courts in American Society—the Fi-
nal Report of the Council on the Role of Courts*, West publishing Co. , 1984, pp. 136—143. 由于专门法
院法官的数量很少，如关税法院的法官只有 9 名，不具有代表性，囿于篇幅，本书主要研究联邦
普通法院法官。
　　③ 联邦法院与州法院双重体制的复杂性详见 Daniel John Meador, *American Courts*, West
Publishing Co. , 1991, pp. 1—8, 38—20.
　　④ 约一小半的州法院设立二级法院，即州最高法院与初审法院，哥伦比亚特区由于管辖地
面小，只设立了一个初审法院、一个上诉法院。
　　⑤ 美国 50 个州法院种类繁多，各州法院的实际情况难免各不相同，任何对这些法院概括
都不适用所有州法院系统。这些法院的名称也多不相同，如高级初审法院（major trial court）、低
级初审法院（minor trial court）、中级上诉法院（intermediate appellate court）、最高法院（supreme
court）等。详见 National Center for State Courts, State Court Caseload Statistics：Annual Report 1985,
Williamsburg, Va. ; National Center for State Courts, 1987.
　　⑥ 选任方式上不同是两个不同法院系统重要体现在：联邦三级法院法官都由总统提名、参
议院批准而总统任命；而州法院法官选任由州宪法规定，绝大多数州法院都是通过选民选举产
生，部分由议会选举或州长任命。历史上美国州法院法官产生方式经历了一个长期的演变的过
程。在 19 世纪上半叶，基本上都是由州长提名，议会选举或州长直接任命，到了下半叶，由公
民选举法官逐渐受到重视，到了 20 世纪中叶开始逐渐形成今天的模式。

年。① 而一些州法院法官的专业素质却明显宽松，并无前述要求。如纽约州（不包括纽约市）乡镇法院共有 1216 名法官，都是非律师出身②；科罗拉多州法律规定，最高法院被提名的法官至少应当高中毕业或者受过相当于高中毕业的教育，这说明只有高中学历的人也可以成为法官。③ 为弥补在法律专业素质上的不足，这些法官必须在上岗之前接受法律培训并通过专门考试。在道德素质方面，各类法官也需遵守相关的规定。联邦法官与那些采用《司法行为守则》（*Code of Judicial Conduct*）州的法官必须服从相关职业道德方面的规定。④ 根据《美国法典》（*United Stated Code*）第 28 集第 455 条规定："有理由怀疑法官在任何司法程序中的公正性时"或当法官因经济利益或私人关系存在利益冲突时，法官的审判资格必须被取消。而实际上美国法官道德素质非常高，迄今为止，美国建国 200 年间，联邦法官中只有 13 名法官受到国会弹劾，其中 7 人最终被弹劾成功。⑤

　　值得注意的是，美国法官素质标准因为法官工作性质、所处的地位而有所不同，体现出多元性的特征。如联邦最高法院大法官必备的品质即"哲学家、历史学家与预言家的品质"，要有"非凡的耐心"。⑥ 大多数总统提名联邦最高法院大法官时会考虑以下五个因素：客观职业上的表现（包括其司法经验）；政治上的可接受性；意识形态的"合适性"；其个人对总统的"魅力"；地理的、宗教的、种族的、性别的和其他社会政治背

---

① 美国没有全国统一律师资格考试，律师考试分别由各州的律师协会自行组织进行。

② 到 20 世纪 80 年代后期，根据美国律师协会的统计，美国全国州法院系统的法官 2.7 万人中约有 1.7 万—1.9 万人原来不是律师。

③ 高一飞：《美国科州法官的选拔与监督》，http：//www.dffy.com，最后访问日期：2006 年 8 月 3 日。

④ 美国律师协会（American Bar Association）在 1924 年制定了《司法道德准则》，其间在 1972 年通过了《司法行为守则》，1990 年又进行了全面的修订，叫作《司法行为示范守则》（1990），主要内容为：1. 法官必须维护司法的廉正性与独立性。2. 在所有的活动中，法官都必须避免不适当的言行和不适当的表现。3. 法官必须公正、勤勉地履行司法职务之职责。4. 法官在从事法外活动时，必须使之与司法义务发生冲突的风险最小化。5. 法官或司法职位候选人必须避免不适当的政治活动。详见王进喜《美国律师协会〈司法行为示范守则〉（1990）评介》，《中外法学》1999 年第 4 期。

⑤ 如 1990 年国会剥夺了两个法官的资格，其中 Hasting 法官被证明受贿 15 万美元。详见 Wendy Zentz, Impeachment Neas, 74 *ABA Journal* 26, Semptember 1988.

⑥ 宋冰主编：《读本：美国与德国的司法制度及司法程序》，中国政法大学出版社 1998 年版，第 146 页。

景。① 因为联邦最高法院大法官在美国国家与社会中举足轻重的地位，对其进行这些苛刻的素质要求并不过分，但这些要求显然并不适用于美国其他法官。美国部分州法院的治安法官如前所述并不严格，另外，联邦法官在法院系统一般也按照级别晋升。② 这体现了美国在法官素质标准要求方面并未采取"一刀切"的方针，而是针对不同情况做不同规定。

美国是典型的普通法系国家，而两大法系差异之一便是法官在社会生活中享有崇高的地位。事实亦是如此，法官赢得了社会大众的普遍信任，在现实生活中发挥着巨大的作用。法官在美国社会具有绝对的权威性，有人这样说道：美国人特点是家长教育孩子从小就要学会问"为什么"，对任何问题持质疑的态度，有时政府作出了决策，美国人还常常会提出一系列的问题，唯独对法律，他们是虔诚的。③ 民意测验也证明："今年夏天盖洛普搞的一次民意测验结果显示，近半数美国人对联邦最高法院具有极大或相当大的信任感。最高法院在这次民意测验中的信任度仅排在宗教机构和军队之后，高于总统、国会和媒体。"④ 美国社会对法官如此信任并非从来如此。考察美国历史则会发现，当代美国法官素质的发展经历了漫长过程。⑤ 虽然美国被认为"先有法院，后有国家"⑥，殖民地时期各地即存在法院与法官，但那时法官素质很不理想。建国之后，相当长时间里司法权不被重视，是国家权力分支中最弱的环节。直到 19 世纪南北战争结束之后，法官素质才逐渐改善，今天得到了普遍的社会认同，这一过程并非一帆风顺。⑦ 美国民众对法官素质高度信任，在他们心中法官尤其联邦法院法官（特别是联邦最高法院法官）便是社会公平正义的代表与象

---

① 宋冰主编：《读本：美国与德国的司法制度及司法程序》，中国政法大学出版社 1998 年版，第 147 页。

② 详见 Daniel John Meador, *American Courts*, West Publishing Co, 1991, pp. 54—57。

③ 陈琦：《美国法官的权威性》，中国法院网，发布时间：2003 年 7 月 24 日。

④ 《黑袍下的党派色彩》，《天津日报》2000 年 12 月 14 日。

⑤ 美国社会对法官信任是法官素质得以保证的前提。美国在建国之初，便在宪法中规定了司法独立的原则。虽然这一原则真正落实历经漫长历史过程，但毕竟在制度上赋予法官独立审判的可能。而法官的这种可能归根到底是因为社会大众信任法官。没有这样信任，法官不会享有身份保障，从而很难真正独立审判，其判决结果最终也很难公正。因此，社会大众对法官素质的信任是法官素质高一个非常重要的原因。

⑥ 美国法院制度起源于殖民地时代，1619 年弗吉尼亚建立了首个法院，而其建国却在 18 世纪后叶。因此，美国被认为"先有法院，后有国家"。

⑦ See Lawrence M. Friedman, *A history of American law* (*Second Edition*), Simon & Schuster, 1985.

征，其裁判终局权威性。托克维尔在18世纪便指出美国一切政治问题最终都可以通过法律进行解决。像总统选举之争这种社会与政治生活的大纠纷，联邦最高法院法官一旦作出裁决立即会被社会普遍接受，布什与戈尔总统选举之争再次对此进行了证明。因此，即使在历史与现实中个别联邦与州法院法官被弹劾或惩戒，但普通民众也只会认为这些法官是个人行为，并不会因此否定法官整体素质。

与英国情况类似，美国职业法官素质与律师素质密切相关。除少量法官来源为法学教授等其他法律职业①，不被要求通过律师资格考试并具有从事律师的经验外，大部分法官实际上都曾做过律师。这意味着美国法官事实上主要来自律师，因此在任职前就已积累了丰富的法律经验。可以说，在很大程度上美国法律职业者尤其律师素质决定了法官素质。这些法律职业者良好的素质确保法官素质。

# 第二节  大陆法系国家法官素质考察

## 一  法国

法国是单一制国家，但其法院种类繁多，这一点与美国情况相似。按照纠纷性质不同，法国民事与刑事审判由普通法院行使，行政审判由行政法院专门负责。将行政诉讼交由行政法院审理导致法国出现两个各自独立的法院系统，即行政法院与普通法院。② 行政法院系统是法国的独创，起源于社会对司法的极大不信任，确切而言，这一制度乃法国法官在历史上被社会怀疑的产物。18世纪法国大革命爆发之前，基于司法系统维护君主专制立场反对革命的事实，革命后法国最终决定另行设立行政法院系统

---

① 美国法官绝大多数之前都有过律师从业的经历，其中一小部分是其他诸如检察官、法学家等法律职业者。

② 本书是将行政法院法官归为研究范围，但其是否可以算作法官分歧仍存。因为行政法院法官的选任、晋升、管理等诸多方面与普通法院完全不同，对于行政法院法官是否可称为真正意义上的法官还未取得完全一致的观点，但在绝大多数人看来，行政法院法官的工作职能本质上依然属于审判，因为"法国拥有一套完全独立的行政法院和法官。这些法官属于公职人员行列，其工作至少大部分包括裁决涉及公法事务的纠纷，从这个角度来看他们属于职业法官，但他们并不一定接受正式法律训练"。最高人民法院司法改革小组编:《美英德法四国司法制度概况》，韩苏琳编译，人民法院出版社2002年版，第587—588页。这两个法院系统各司其职、互不干预、无审级关系，为了解决两者之间管辖权限的冲突，法国建立了权限争议法庭。

来审理行政诉讼案件。这一制度实行后被证明非常适合于行政部门运行特点，最终成为法国法官制度的一大特色。"虽然在 1789 年法国大革命时期起用这些职业行政法官的理由或许是希望防止司法部门对行政部门的妨碍，当代更加准确的理由是这些行政法官对行政部门的需求和运转拥有专业知识。"① 需要说明的是，1958 年主要职责为行使司法审查权的宪法法院②因其是否真正属于法院尚存争议，本书未做过多研究。

根据法院性质不同，法国法官首先可被分为普通法院法官与行政法院法官。普通法院系统除特别法院③，依据审级不同，又可分为基层法院（民事法院、刑事法院）法官、中级法院（上诉法院、重罪法院以及国家安全法院）法官以及最高法院法官。行政法院系统分为专门行政法院（审计法院、财政与预算纪律法院、战争损害赔偿委员会等）法官、上诉行政法院法官、最高行政法院法官。④ 两类法官素质具体标准同中有异，相同之处主要是在职业道德素质方面都要求法官能够公正司法，不同主要在于有关专业素质方面。

具体而言，其一，普通法院法官素质在法律知识方面比行政法院法官要求严格，前者大部分人通常要求受过系统的法学本科并经过为期 31 个月任职前培训，而后者主要按照一般公务员标准来选任。"法国拥有一套完全独立的行政法院和法官。这些法官属于公职人员行列，其工作至少大部分包括裁决涉及公法事务的纠纷，从这个角度来看，他们属于职业法官，但他们并不一定接受正式法律训练"。其二，在晋升方式上，普通法院法官通常是通过从下级法院向上级法院的方式晋升，而行政法院法官却并非如此，因为不同级别与类别的行政法院法官具体要求不完全一致，如

---

① See L. Brown & B. Garner, *French Administrative Law*, pp. 28—30（3rd ed, 1983）; J. Dawson, *The Oracles of the Law*（1968）.

② 或译为"宪法委员会"，该法院不是由法官组成，但大多数人都有一定的法律背景知识。宪法法院由 9 人组成，任期 9 年，不得延期。共和国总统、国民大会主席与上议院院长每 3 年分别对法官人选提名。当选者无须任何特别资格，但宪法法院成员不能同时担任政治职务。详见最高人民法院司法改革小组编《美英德法四国司法制度概况》，韩苏琳编译，人民法院出版社 2002 年版，第 590 页。

③ 特别法院包括国家安全法院、高等治安法院、军事法院、商务法院、海商法院、社会法院、地方租赁法院等。详见范愉主编《司法制度概论》，中国人民大学出版社 2003 年版，第 124 页。

④ 最高人民法院司法改革小组：《美英德法四国司法制度概况》，韩苏琳编译，人民法院出版社 2002 年版，第 587—588 页。

行政法庭负责受理最低一级的公民与国家之间或公民与中央和地方政府之间纠纷，其法官的任命程序与一般政府公务员相同，法国目前有 375 名这样的行政法官。从 1986 年以来，这些法庭的法官构成了单独的公务员队伍，可以在内部晋升。① 高一级的行政法院（即国家行政法院）的成员主要来自国家行政学院（Echole Nationale de l'Administratifs）的毕业生。除此之外，其他政府部门成员也可经过选拔进入。目前国家行政法院的在职人员大约为 200 名。这些成员既承担法官的职责又作为政府的顾问。审计法院与地区性审计法院法官也主要是从国家行政学院的毕业生中录用，但也经常从外部任命。② 总之，法国两大系统的法院法官素质要求很不相同，这与大多数国家尤其是英美法系国家有很大不同。

　　比较而言，法国普通法院系统与其他国家的法院系统最为相似，其法官素质、法官职业标准在所有类型法官中要求最为严格。这一点从初任法官选任便可窥见一斑。法国设定了严格的专业资格考试与专业培训要求，将那些不符合审判要求的人成为法官的可能性降低到了最小。法官候选人通常应当完成大学 4 年法学学习，毕业考试通过后还要参加国家统一组织的司法考试。合格者进入波尔多国家法官学院进行为期 31 个月的专业培训，如不被淘汰方有可能成为法官。除专业素质（知识与经验）要求之外，法官候选人还需具备民事权利、品行良好、正确对待法定兵役以及身体健康等条件。最终只有符合这些条件的人才会跨越职业门槛，成为法官。司法系统绝大多数法官都是通过上述途径成为法官的。还有一部分法官来自直接录用或临时或合同性任命。③ 这些人员在法律专业知识与经验上虽没有上述法官候选者的要求严格，但也必须符合一定资格才可被选为法官。例如直接录用的人员包括至少有 8 年工作经验的律师、公证人、法警和法院非法官工作人员，以及至少有 2 年工作经验的法学教授与助教。值得一提的是，对法官的素质要求严格也体现对在职法官的培训方面。随着社会生活与立法等日益复杂，在职法官如果不及时进行知识更新很难适应新的形势。从 1975 年开始，法国开始对在职法官进行培训。现在，法

---

　　① 最高人民法院司法改革小组编：《美英德法四国司法制度概况》，韩苏琳编译，人民法院出版社 2002 年版，第 587—588 页。

　　② 同上书，第 588 页。

　　③ 1961 年至 1974 年期间，普通法院系统录用的新法官中有 14% 来自合同任命；23% 来自直接录用。

国法官每年可以参加为期一周的在职培训。

除以两大法院系统为标准对法官进行分类外，法国普通法院法官还可根据是否专职从事审判工作分为职业法官与非职业法官，如劳工法院的法官就是非职业法官。职业法官与非职业法官专业素质要求不同。职业法官素质与非职业法官素质相比，前者在专业素质等方面要求非常严格。除必须经过系统学习法学知识与参加国家司法考试以及岗前培训才能成为法官，任职之后还要经常接受专业方面的培训。如果不是考试被录用为法官的人，之前必须有过法律职业的经验。而非职业法官素质要求却很宽泛，候选人不必具备法律知识与受过法学教育以及有法律职业经验，只要经过了远比统一司法考试的难度低得多的考试，接受一定程度的专业培训就可以成为法官了。非职业法官，如商业法官负责裁决商人之间的纠纷或参与解决具体商业交易中个人之间的纠纷。法官完全由地方商会间接选举产生的商人组成。这些法官不需要特别法律训练，但法院的合议制保证他们能获得在职培训。在1983年，这些法院共有2588名法官。商界对这些法院寄予很大信任。劳工法院（或译为"劳资协调委员会"）成立于1806年，也是由非职业法官组成，由职业同行选举产生。每个工业或行业都有自己的劳工法院，处理缘于劳工合同的纠纷。① 事实上，在法国的主要城市，任何有兴趣成为非职业法官的人都可参加一定的考试，考试合格者再经过一段特别司法培训，就有机会参与审判。

尽管存在这么多不同种类与级别、性质的法官，但法国整个社会对法官的整体素质评价很高。这说明法官素质符合社会大众的期望，适应社会的发展。但在历史上法国的法官素质曾经出现过问题，只是在近200多年这一问题才逐渐得以解决。经过两个世纪的发展，当今法国社会基本认为法官素质尤其职业道德素质方面不存在大问题，正如法国学者皮埃尔·博哈所说："如果将宣布的有关道德的纪律惩处总数和司法官的总数相比较，我们可以得出这样的结论：法国司法官的道德问题不令人担心。事实上，它也没有成为司法官和公众批评的焦点。"②

法国的法官素质问题是在法官、法律职业者与社会共同努力下才在历

---

① 最高人民法院司法改革小组编：《美英德法四国司法制度概况》，韩苏琳编译，人民法院出版社2002年版，第589页。

② ［法］皮埃尔·博哈：《法国的法官》，马耀扬译，中国法院网，最后访问时间：2006年6月13日。

史中逐渐得以解决的。17 世纪，法官素质问题也曾一度成为社会关注的焦点问题之一。与英国不同，历史上的法国司法权因受到皇权支持，处于强势地位，以致对行政权乃至立法权都有所影响。法国中世纪尤其在大革命之前，社会对法官素质非常不满，评价相当低。① 那时法国司法系统裙带关系、欺诈、背弃正当程序、滥用个人影响均成为法官、律师、低级司法官吏利用旧王朝司法系统来谋取个人利益最大化的手段，没有关系或金钱的当事人只能饱受诉累和不公正的对待。② 当时"长袍贵族"法官的社会形象处境不佳，"尽管这些法官也身穿象征威严和公正的法官黑色长袍，但在民众的心目中却代表着反动和保守"③。法官素质问题真正开始解决是在大革命爆发之后，梅利曼就此指出："革命时期，对法国革命前的司法制度（即普通司法制度）进行抨击的理由之一，就是法官以多种方式错误地干涉政府的行政行为。因此，剥夺普通法官审查行政行为是否合法的权力以及控制政府官员行政行为的权力，就必然成为革命时期司法改革的目标之一。"④ 如前所述，正是因对此一时期法官的极度不信任并基于司法权对行政权恣意干涉的现实，法国才在大革命爆发后设立了专门处理行政纠纷的行政法院，从制度上限制了司法权对行政权甚至立法权的影响力。因此，创立行政法院从一定程度上是当时法国社会试图解决法官素质问题尝试之举。此外，法官素质改善也与法国法律职业者整体素质改善有关。17 世纪初，法国社会普遍对法律职业者的素质不满意，甚至提出"让检察官、法官、律师、司法记录员、司法警察等官吏的薪水大幅度削减，他们只知道汲取人民的血汗；禁止他们送诉讼当事人除收取榨取任何东西"⑤。但随着时间的推移，法国法律职业者素质普遍得到了提高，社会对其的信任度回升，这样，法官从业的法律环境大为

① See Jeffrey K. Sawyer, "Judicial Corruption and Legal Reform in Early Seventeenth-Century France", *Law and History Review*, Spring 1988, Vol. 6.

② Bouwsman, "Lawyers and Early Modern Culture", *American Historical Review* 78 (April 1973) 318.

③ 范愉主编:《司法制度概论》，中国人民大学出版社 2003 年版，第 127 页。

④ ［美］约翰·亨利·梅利曼:《大陆法系》（第二版），顾培东、禄正平译，法律出版社 2004 年版，第 92 页。

⑤ 这是 1614 年法国三级会议中代表在谴责皇家法院的腐败作风中指出的。详见: Jeffrey K. Sawyer, "Judicial Corruption and Legal Reform in Early Seventeenth-Century France", *Law and History Review*, Spring 1988, Vol. 6, No. 1.

改善，这也是法官素质得以改善的一个重要原因。严格的遴选、培训等制度保证职业法官的职业素质与道德素质。①

因此，法官素质的改善除了包括法官在内的法律职业者的努力之外，法国社会对逐步肯定与信任结果是最重要的原因。在历史发展中，伴随着法官职业素质的不断改善，法官的社会评价也不断改善。最终，法国社会从制度上确立了法官身份保障制度，赋予了法官独立审判的权力。根据法国宪法与法官组织法，法官实行终身制。法官在任职期间，非因弹劾之罪并经法定程序，不得被免职、撤换或强令退休。法国为了鼓励法官清正廉洁，采取了司法补助费的方式使法官的薪金略高于相应级别的公务员。另外，法官任职期间不得减少薪俸。法官出差费用不受限制，实报实销。法官实行退休制，达到一定年龄可以退休。退休后享有全薪待遇。②

## 二 日本

日本作为近代亚洲新兴的国家，从"明治维新"的百年发展历史，已被公认完成了现代化的过程，成为世界发达国家。日本近代司法制度在历史上经历了两次重大改变："明治维新"是"脱亚入欧"最为重要一步，在此过程中，日本社会包括司法制度在内全面进行改革。维新之前，日本深受中国影响，法律传统属于中国法系。这一法系特征主要表现为司法与行政不分，社会氛围不提倡诉讼，民众普遍"厌讼"。维新之后，司法机关成为天皇体制下独立的国家机关，此体制直至"二战"结束日本被美国军事占领方才结束。此后，日本在美国帮助下重新制宪，对政治制度进行了全面改造，今日日本司法体制即此时确立的，法官素质也主要与战后法官制度密切相关。根据比较法基本理论，日本为典型继受型法治，而司法制度外生型是日本与上述欧美国家最大的不同。日本法治现代化过程中，考察与借鉴了大陆法系国家法官素质，归于大陆法系国家。

研究日本法官素质之前应首先了解法官具体构成，即确定法院中哪些

---

① 现代法官制度的建立与完善是法国法官素质得以保证的制度前提。仅就普通法院系统而言，法国在历史发展过程中，逐步建立了一套完善制度。如初任法官的选任，"严格的专业资格考试与专业培训的要求，使没有任何特别司法资格的人成为法官的可能性实际上被排除了，保证了法官职业的高度专业化"。如果法官出现失职行为，法官纪律委员会可以对其进行惩戒。从1975 年法国开始了在职法官的培训，以帮助法官补充审判需要的新法律与社会知识。正是因为法国法官制度已经现代化，因此，法官职业素质要求可以从制度上得到遵行。

② 周道鸾主编：《外国法院组织与法官制度》，人民法院出版社 2000 年版，第 104 页。

人员应是法官。因为日本法院人员并非所有都是法官。日本法院人员除法官①外，还存在书记官、执行官与事务官等，这些人员主要职责为辅助法官工作，减轻其压力。② 法官在日文中意指裁判官，而裁判官乃"在裁判所（法院——引者注）的官署的核心职员，是行使裁判所权限中的裁判权以及司法行政权的构成者。特别是，只有裁判官从事裁判，其他职员的行为不能被称为裁判"。③ 日本《法院法》规定法官具体包括 6 类：最高法院首席法官，最高法院审判员，高等法院院长，审判员，候补审判员，简易法院审判员。④ 据统计，1991 年 7 月，日本法院的全体法官（包括最高法院法官）共有 2828 人，其中简易法院审判员为 806 人，其他法院法官为 2022 人。在全体法官中，女法官 156 人，占法官总数的 5.5%。⑤ 同中国一样，并非所有具有法官称号的法官都从事审判。除简易法院审判员外，其他法院约有 10% 以上法官包括各下级法院的院长专司法院行政或其他工作，并不直接从事审判。⑥ 日本法律明确规定了法官类型，即简易法院法官与非简易法院法官。二者存在很大不同，后文详谈。

除简易法院法官外，日本法官职业标准非常严格，法官遴选制度中的初任法官的选拔竟然达到了苛刻程度，这样就在源头上根本杜绝了素质不达标的人成为法官。四级法院⑦法官总体原则均为被选任者具有一定法律知识、丰富经验，但具体选任要求并不完全一致。一般而言，审判级别越高，法官素质的标准越严格。这说明法官素质的要求与审判级别以及法官类别是相适应的。按照审级从低到高的原则，日本法官选任情况分别如下：

候补审判员的选任与任职表明日本法官专业素质得到高度保障。司法实践中下级法院（除简易法院）的审判员基本都来自候补审判员，司法

---

① 日本法院被称为"裁判所"，法官被称为"裁判官"（有人翻译为"审判官"），法官中又分为相当于我国审判员的"判事"（本书采用"审判员"译法）和相当于助理审判员的"判事补"（本书采用"候补裁判员"译法）。详见龚刃韧《现代日本司法透视》，世界知识出版社 1993 年版，第 12—13 页。

② 详见何家弘主编《中外司法体制研究》，中国检察出版社 2004 年版，第 355—360 页。

③ 转引自何家弘主编《中外司法体制研究》，中国检察出版社 2004 年版，第 341 页。

④ 转引自龚刃韧《现代日本司法透视》，世界知识出版社 1993 年版，第 87 页。

⑤ 同上。

⑥ 同上。

⑦ 四级法院从低向高分别为：简易法院、家庭法院与地方法院、高等法院和最高法院。详见范愉主编《司法制度概论》，中国人民大学出版社 2003 年版，第 124—125 页。

研修学生中选任候补审判员过程可反映下级法院法官任命时素质要求。[①]
候补审判员[②]任职 10 年，期间须在大、中、小城市不同法院各工作几年，
原则上 10 年后均可升为审判员。[③] 就专业知识而言，司法统一考试的通
过保证通过者具有基本的法律基本知识。[④] 而司法研修所培训又初步培训
了法官候选人的专业技能。因为司法研修所属于职业培训，期间学生要在
所有法律家职业中[⑤]实习，了解司法实务之后还要回校进行理论总结。毕
业时学生虽已具备司法工作的基本职业能力，但只有最优秀的毕业生才能
力拔头筹，成为"法曹三者"中之法官。任职前日本法官专业素质便获
得充分保障。而任职后，候补审判员还必须经过至少 5 年的时间方才可独
立审判，从而在司法经验上保障了法官素质。因此，候补审判员选任与任
职说明日本从制度上对法官素质在知识与经验方面规定十分严格。此也成
为法官任职之后会倍加珍惜职业生涯，维护职业尊荣的重要原因。

高等法院院长与审判员及其以上法院法官因其职责不同，与候补审判
员在法官素质方面规定略有不同。在法律上，高等法院院长与审判员，一
般从担任过下列各项职务中一个或两个，其在职年限总计为 10 年以上者
任命：候补审判员；简易法院审判员；检察官；律师；法院调查官、司法
研修所教官、书记官研修所教官；大学法学教授、助教授。[⑥] 但司法实践
多从下级法官选任，从法官职业标准看，这也保障了法官素质的合格。最
高法院首席法官（"长官"）与审判员的选任因其职责重大，具体素质有
所不同。日本最高法院法官共有 15 名，其中 1 名为首席法官。《法院

---

① 此过程情况通常是：通过司法统一考试的人在司法研修所学习 2 年，若想当法官，在毕
业前 1 个月提交申请书，由最高法院人士部门进行面试。实践中，最高法院在录取时并不公布标
准，但据知情人透露，主要有这样三点：1. 比较年轻，每年通常选任的候补审判员都在 28 岁以
下；2. 在司法研修所的学习成绩优秀。3. 在思想上属于"稳健中正"的人。转引自龚刃韧《现
代日本司法透视》，世界知识出版社 1993 年版，第 94 页。

② 候补审判员原则上不能独立审判，但根据《关于候补审判员职权的特别规定》，候补审
判员任职 5 年以上，并由最高法院提名者，可以进行独立审判。

③ 详见龚刃韧《现代日本司法透视》，世界知识出版社 1993 年版，第 93—95 页。

④ 日本司法统一考试难度极大，通过率非常低，如 2000 年仅为 3%。为此目前日本司法改
革方案中已就此提出准备逐步扩大法律职业的人数，司法考试通过率要大幅度提高，预计到 2020
年达到 70%—80%。

⑤ 即法官、检察官与律师，合称"法曹三者"。

⑥ 而实际上，日本法院的绝大多数审判员都是直接从任职 10 年后的候补审判员提升上来
的，直接从律师或大学法学教授中任命的很少。这是 21 世纪之初日本法律界发动"司法改革"
运动的重点改革内容之一。

法》第 41 条第 1 款规定：对最高法院法官任命时需要考虑两个条件："见识高和具有法律素养"与"必须年满 40 岁"。第一个条件中"法律素养"，并不局限在法律家（法曹）内，可为各个专业领域，在一定范围程度上掌握法律，具有政治、经济、商业等专业学识学位，具有从事与法律相关业务的经验。首席法官则必须具备相应的法律知识[①]，其中至少 10 名应从法律家或法学家经历的人选任，即担任高等法院院长或审判员 10 年以上，或担任检事（检察员）、律师或大学法学教授（包括助教授）20 年以上。其余 5 名不要求上述经历，实际上，截至 1990 年底，日本内阁先后任命了 106 名法官，其中律师出身 38 人、法官 37 人、检察官 11 人、法学者 10 人、外交家 5 人、行政官员 5 人。[②]

简易法院审判员选任比较特殊，日本《法院法》规定：简易法院审判员不仅可以从任职 3 年以上的候补审判员、律师、检察官等人中任命，还可以在从事司法事务多年，并具有担任简易法院审判员职务的学识和经验者中任命。这里所谓从事司法事务，既包括法院中的司法事务，也包括在法务省、检察厅中所从事的司法事务。这意味着同其他下级法院审判员不同，简易法院审判员未必具有通过全国统一司法考试的背景，简易法院的法官事实上大多也并不具有法律家的资格[③]，其中大多来自法院书记官、事务官以及副检事（副检察员），真正经过这一考试并且在司法研修所学习 2 年的人微乎其微。[④]

除专业素质外，法官在道德素质要求方面基本统一。法律禁止品德瑕疵之人担任法官。具体而言，《法院组织法》规定下列人员不能担任法

---

① 转引自何家弘主编《中外司法体制研究》，中国检察出版社 2004 年版，第 343 页。

② 转引自龚刃韧《现代日本司法透视》，世界知识出版社 1993 年版，第 65 页。

③ 在日本，"法律家"（即"法曹"）特指从事法官、检察官与律师三种与审判或诉讼有直接关系的人员。这三种法律职业者从业必须经过同样的统一司法考试和统一的司法实习。这一规定使得三种职业者都具有同等的法律素养。详见龚刃韧《现代日本司法透视》，世界知识出版社 1993 年版，第 43—44 页。

④ 20 世纪 90 年代初期，简易法官人数为 800 多人，具有上述背景的人只有 30 多人。转引自龚刃韧《现代日本司法透视》，世界知识出版社 1993 年版，第 89 页。简易法院的法官之所以确立这样的素质要求，日本学者认为主要原因是简易法院在全国设置，主要负责小额诉讼、轻微刑事案件。因此，在司法考试严格限制通过者的情况下，很难在所有简易法院配置足够的司法考试通过者。更为重要的，选拔那些具有法律知识和法律实务经验，能够处理简易裁判所业务需要的，而且在当地具有德高望重的人担任法官，可以接近民众赢得他们的信任，有利于实现司法民主化。转引自何家弘主编《中外司法体制研究》，中国检察出版社 2004 年版，第 346 页。

官：依法不能担任一般官吏的人；被判过徒刑以上的人；受过弹劾法院的罢免裁判的人。① 此外，法律划出了法官任职期间非工作的其他活动禁地：成为国会或地方公共团体的议会议员，积极从事政治运动②；未经最高法院批准，担任其他有报酬的职务；经营商业或者其他以营利为目的的行业。若法官不遵守相关规定，则会遭受惩戒。《日本法院法》规定：法官如有违反职务上的义务或疏忽职守，或有品德不端行为时，将予以惩戒。③ 日本法官大半对政治活动敬而远之，据 20 世纪 60 年代对日本律师政党支持率的调查，法官出身的律师多数不支持任何政党，这也间接表明了日本法官多少具有政治中立的传统。④ 日本法官素质获得保障另一证明就是迄今为止法官很少发生腐败。法官非常珍惜自己的名誉，不惜被报道成为"孤高"的形象。新闻记者采访发现最高法院法官日常生活情形是：每天上午 9 点左右，最高法院派车到官邸来接法官。到了最高法院以后，法官便进入个人办公室。之后通常就待上一天，除非参加评议，即使中午吃饭也是一个人，饭后本应出去散散步，但又不大愿意碰见别的什么人，就在办公室来回踱步消食。⑤

日本法官素质的法官职业标准设立是按照法官工作的实际需要而设立的，不同情况不同要求。如各级法院的法官的具体工作性质等不尽相同，在这种情况下，从制度上规定了法官选任的标准不同。下级法院的法官与上级法院的法官专业与道德素质并不相同，但在相同部分要求通常是审级越高越严格。一般情况下，初任法官只能是简易法院的法官或家庭法院法官，而不能到高等法院或最高法院。高级法官除很少一部分出身律师与法学家外，大多数通常是由下级法院一级级晋升上来的。

日本法官人数非常稀少，社会对法官信任。日本法官人数从明治维新之后，人数并不多。如 1891 年日本总人数约 4000 万，法官的法定人数为 1531 人，当时，法官与国民总人数为 1∶26127。而 1989 年，日本总人口已增加到 1.2 亿人，而法官法定人数仅仅增加到 2818 人。现在，法官与

---

① 周道鸾主编：《外国法院组织与法官制度》，人民法院出版社 2000 年版，第 272 页。

② 《国家公务员法》与《人事院规则》，主要指包括利用职权为某一政党或政治目的募捐、从事竞选运动、策划和组织游行或签名运动。

③ 日本宪法规定，法官的惩戒处分不得由行政机关施行。对法官的失职或渎职等行为应当由高等法院或最高法院进行惩戒。

④ 参见［日］稻子恒夫《日本法入门》，法律文化社 1981 年版，第 154 页。

⑤ 转引自龚刃韧《现代日本司法透视》，世界知识出版社 1993 年版，第 90 页。

总人口的比例为1:43570。严格控制法官人数的主要目的是为了保证法官素质,使社会对法官高度信任。法官常年的生活方式多是深居简出,在一般民众心目中非常神秘。为避免与当事人之间的接触以及其他种种诱惑,法官也有意识地与一般大众保持距离,过着半隐居的生活。普通人要想了解法官的工作,可以到法庭去旁听。① 此外,为了保证最高法院法官取得国民信任,根据宪法与《最高法院法官国民审查法》,日本还设立对最高法院法官进行"国民审查"的制度。这一制度规定国民通过投票可以决定任命的法官是否得到其信任,如不被信任,则需要对法官进行解职。② 具体方式是凡有众议员投票权的人都具有这种审查权,审查通过无记名方式进行,在投票纸上印有被审查法官姓名,投票人如认为应当罢免某法官,便在叉号栏画上记号,如果认为不需要罢免则不用画任何记号,如果投票结果表明多数人画叉,被画叉的法官即被罢免。但到目前为止,尚无一名法官被罢免。③ 日本21世纪初启动的司法改革涉及法官素质问题,其主要内容是针对法官人数过少导致审判效率低下,而非法官专业素质与职业道德素质存在问题。此次改革目标之一是在未来增加法官人数(预计500人至700人)。④ 由于这次改革有社会各界人员参与,因此,增加人事编制正好说明法官素质也出现了问题,但这一问题显然与中国不同。在日本,法官专业素质通过法官制度得到保证,社会对法官素质的评价也很高。

　　法官素质现状并非一直如此,而是经历了一个比较漫长的历史发展过程。追溯历史,可以发现日本法官素质的良好状况是一步步发展起来的。

　　日本在明治维新之前,社会生活方面深受中国的影响,属于传统社会,司法权与行政权不分,并无独立的法官阶层。1871年,明治政府"废藩置县",设置了司法省,在其下设立了东京法院以及6个区法院,1872年制定了《司法职务定制》,这是近代日本最早关于司法制度的法律。1875年还设置了作为最高审判机关的大审院。1889年《明治宪法》

---

　　① 根据日本宪法审判要公开进行的原则,日本公众可以进行旁听,旁听的意义在于"将审判置于国民监督之下,以保证其公正"。转引自[日]妹尾河童《窥视日本》,陶振孝译,生活·读书·新知三联书店2005年版,第53页。

　　② 何家弘主编:《中外司法体制研究》,中国检察出版社2004年版,第344页。

　　③ 龚刃韧:《现代日本司法透视》,世界知识出版社1993年版,第89页。

　　④ 季卫东:《世纪之交日本司法改革述评》,《人民法院报》2001年11月5日。

与 1890 年的《法院组织法》等法律的颁布，确立了日本近代司法制度。这些法律从形式上都对法官的地位与身份保障制度进行了规定，如：除非因身心障碍或所在法院被废除，通常不得违反法官的意愿将其罢免、调离、停职和减薪；当时法官实行了终身制。虽然司法独立的原则很不彻底，但与明治维新之前相比有了历史性的进步，以至于在后来的日本法院审判实践中，也曾有过保持司法独立的例子。[①]

到了 20 世纪 20 年代中期，日本法西斯、军国主义盛行，绝大多数法官都屈从于军部的压力，审判受到了干涉。例如，400 名法官聚会讨论"如何和皇军协力"的问题。这种情况一直持续到了 1945 年美国占领日本，日本颁布了新宪法和新的《法院法》，开展了司法改革。在这当中，首先从制度上保障了日本司法的独立，确立了司法权优越地位和同样行使司法权的原则。但这些原则的实践中落实并非一帆风顺，其间发生过波澜，如"司法危机"现象的出现。[②] 直到今天，日本司法体制的特点之一依然是司法外部独立的确立，但其内部统制问题依然存在。换言之，第二次世界大战后日本虽然完全排除了政府对司法行政事务的介入，但又形成了一个以最高法院为首的封闭式的司法官僚化的体系。日本现行《宪法》第 76 条规定："所有法官依良心独立行使职权，只受本宪法及法律的拘束"；第 78 条规定："法官除因身心故障经法院决定为不适于执行职务者外，非经正式弹劾不得罢免。"但到目前为止，日本下级法院法官并不能完全按照上述法律规定行事，受到的来自司法系统内部的干涉，主要体现在法官个人的思想信仰方面的自由受到压制以及在人事等司法行政方面受到严格的控制。[③] 从这个意义上看，日本现在的司法独立主要是法院独立

---

① 1891 在"大津案"中，一名叫作津田三藏的日本警察企图刺杀沙俄皇储尼古拉而遭到起诉，即为历史上有名的"大津事件"，日本内阁担心沙皇报复，因此要求法院对津田处以死刑。但大审院院长儿岛惟谦却认为必须保持"法的尊严与审判独立"，抵制了来自政府的压力，最终以谋杀未遂罪判处被告津田三藏无期徒刑。

② "司法危机"是现代日本司法中一种特有的现象，主要指出在司法机关内部对法官行使职权的种种干涉现象。有学者干脆用"司法的反动化"来表述这一现象，即日本法院在维护国民权利方面作用逐渐削弱和在维护体制方面作为国家机关的作用日益增强的过程。详见［日］渡边洋三《法和社会的昭和史》，岩波书店 1988 年版，第 238 页。转引自龚刃韧《现代日本司法透视》，世界知识出版社 1993 年版，第 23 页。

③ 详见龚刃韧《现代日本司法透视》，世界知识出版社 1993 年版，第 12—36 页。

而非真正意义上的法官独立。① 从上述历史可以看出日本法官素质并非一朝一夕形成的，而是伴随着司法体制与法院的发展而不断完善的。

法官制度尤其身份保障制度对法官素质影响巨大，而法官制度又是在历史中逐步发展起来的。日本现在的司法体制是在 20 世纪中期即第二次世界大战结束后在美国军事占领当局的帮助下确立的。在第二次世界大战之前，日本司法制度是在"明治维新"时建立的。那时法院受司法省管辖与监督，最终服从于天皇。战后日本宪法规定"一切司法权属于最高法院及由法律规定设置的下级法院"。这就从宪法上赋予了司法权的优越地位。而法官制度也是在历史过程中逐步完善的。比如严格的法官选任制度从源头堵住了素质有问题的人成为法官，法官培训制度等在战后发展都非常有助于法官素质的提高。法官身份保障制度的设立，确保了法官能够不受外界的干扰而进行工作。法官的高薪制与薪俸不得减少制度的落实，从物质上保证了法官在社会上享有较为优越的待遇，免于后顾之忧。法官惩戒制度的设立也是以不危害法官独立审判为原则，从整个制度方面确保法官素质能够胜任职业需要。

日本法官的高素质的形成还存在一个重要的原因即法律家阶层的生成是同步进行的。换言之，正是由于法官、律师与检察官的素质相当，各自的职业技能与伦理修养都已发展到相当成熟的地步，法官素质情况也随之改善。

# 第三节　小结

通过考察上述西方国家的法官素质的现实情况与历史演变过程，可以发现如下规律：

第一，职业法官人数远远少于非职业法官。上述四国法官素质良好的前提是其职业法官人数都非常少，所占人口基数比例极低。因此，法官素质才能得以有制度性的保障，真正可以确保那些符合法官职业标准的人成为法官。在这个意义上职业法官的确是社会精英。大量简单纠纷由非职业法官审判，可以确保职业法官将精力用于相对复杂的案件审理。在很大程

---

① 日本最高法院掌握下级法官的人事权，虽然法官按照法律规定工作 10 年可以继续连任，但最高法院可使其不得连任，通过这一方式对法官施加影响。

度上化解了职业法官的审判压力。①

第二，这些国家对法官素质均从专业与道德两方面作出要求。尽管各国采取的方式不尽相同，英美法系国家主要采取从律师选任法官途径，大陆法系主要采取司法考试与任前培训相结合方式选任法官，但殊途同归，最终目的都在于保障法官具备审判所必需的法律专业知识、经验与职业道德。

第三，社会对法官素质影响巨大。法官素质获得社会肯定并非一朝形成，而是历经一个长时间的发展过程。法官职业外部评价标准也存在变化。比如法国行政法院的建立，从一定程度上正是缘于普通民众对其法官素质的负面评价成为社会事实反过来对制度设计产生了影响。但一旦社会对法官素质肯定之后，这一积极评价作为社会事实又会对其发生积极作用。如给予其身份保障，其中包括一定程度的豁免权、良好的物质待遇等。

第四，各国法官素质与其法院设置密切相关，虽各具特色，但都根据本国法院实际情况对法官素质作出不同规定。法院设置对法官素质影响殊大。如美国联邦法院与州法院系统各自的法官素质标准并不相同，前者在专业素质方面要求相对严格。法国普通法院与行政法院法官各自具有不同法官素质要求，甚至专业素质具体内容要求都不相同。

第五，各国都是通过法官制度直接保证法官素质。两大法系法官遴选制度虽不同，但最终那些符合各自素质标准的法官都被遴选进来。在遴选制度上，不符合法官从业要求的人被排除在外，确保了那些具备法官从业素质的人成为法官。培训制度则保证任职法官的素质。法官惩戒制度的目的并不在于对失职法官的惩戒。

第六，值得注意的是，四国都在制度上将法官素质定位为法律职业者中整体最高的。英美法系国家法官绝大多数是律师中的优秀者，而日本"法曹三者"中素质最高的人往往会选择法官职业。

---

① 法官事务性工作由法官助理或书记员分担的制度，也使法官将主要精力用于审判。

# 第三章

# 当代中国法官素质历史
# 追溯与现实考察

## 第一节　第一阶段(1927—1946 年)

### 一　革命根据地时期

新中国法官素质的萌芽可追溯到苏维埃政权时期。[①] "苏区时期的法制建设和审判实践,为以后革命根据地的政权,为新中国成立后的社会主义法制建设提供了极为宝贵的历史经验。"[②] 从井冈山时期开始,中国共产党与红军的工作中心是武装斗争,但革命法制也在一定程度上有所发展。如红军 1928 年 12 月便制定了一部《土地法》,到长征前,苏维埃[③]

---

[①]　本书的研究范围不包括国民政府的情况,这主要是基于以下的事实:(1)国民政府的司法对中国共产党建立的政权中的相关机构影响有限,即使在国共合作时期,这一影响也仅表现在形式上。(2)革命根据地时期的司法理论与实践对新中国成立后影响深远,从某种意义而言,今日中国大陆的司法传统的独特性——与其他东亚国家如韩国等不同,就是从这时形成的。(3)新中国成立后,全面废除国民党的以"六法全书"为代表的法律系统与"法统"的做法,从根本上阻断了国民政府时期形成的法律传统与学术传承。因此,本书未对国民政府的法官素质状况作出考察。

[②]　刘岚、杨浙京:《红都溯源》,载《法制日报》2001 年 6 月 28 日。

[③]　"苏维埃"一词译自苏联,这一时期革命根据地的建设受到苏联的影响,在司法制度方面,苏联社会主义国家的法律制度、理论和法律实践经验对于土地革命时期的苏维埃政权的司法制度有一定程度的影响。这主要表现在:首先,中国共产党早期的政治主张中关于法律的观点来自苏联;其次,在具体法律制度上看,苏维埃政权结合当时具体情况适当采用了苏联的做法,例如民事诉讼程序中规定群众团体为了维护其成员的利益可以代其成员提起诉讼,以及法院不得以无实体法根据为由拒绝当事人提起诉讼的原则等。参见范愉《简论马锡五审判方式——一种民事诉讼模式的形成及其历史命运》,载《清华法律评论》第二辑,清华大学出版社 1999 年版。

政权先后颁布了相当数量的法律法令。① 司法制度作为革命法制的重要组成部分，此时期也得以建立。1932 年 2 月中华苏维埃共和国临时中央政府设立了临时最高法庭②，有条件的省、县、区也纷纷建立裁判部。1934年 2 月，中央决定在瑞金沙洲坝正式成立中华苏维埃共和国最高法院，董必武被委任为临时最高法庭主席。至此，根据相关法律③，苏维埃境内的各级审判组织及其审判制度相继建立。在这一时期审判机构主要有：苏维埃临时最高法庭和最高法院④、裁判部⑤以及军事裁判部⑥。

---

① 这一时期涉及宪法、刑法、民法以及诉讼法的法律主要有：宪法方面：1934 年 1 月第二次全国苏维埃代表大会通过了《中华苏维埃共和国宪法大纲》；1931 年 11 月中央执行委员会第一次全体会议通过的《中华苏维埃共和国选举细则》；1933 年 8 月中央执行委员会颁发的《苏维埃暂行选举法》；1934 年 2 月中华苏维埃共和国临时中央政府执行委员会公布了《中华苏维埃共和国中央苏维埃组织法》。刑事方面：《中华苏维埃共和国中央执行委员会训令》（第六号）；1934 年 4 月 8 日公布的《中华苏维埃共和国惩治反革命条例》。民事方面：1930 年 6 月，中国共产党中国革命军事委员会颁布了《苏维埃土地法》；1931 年 11 月，中华工农兵苏维埃第一次全国代表大会通过了《中华苏维埃共和国劳动法》；中华苏维埃共和国临时中央政府还颁布了《工商业投资暂行条例》（1932 年 1 月实行）、《借贷暂行条例》（1932 年 2 月实行）；全国苏维埃区域代表大会通过了《劳动保护法》。诉讼法方面的：1932 年 6 月 9 日颁布的《裁判部暂行组织及裁判条例》；1934 年 4 月中华苏维埃共和国中央执行委员会制定中华苏维埃共和国的司法程序，即《中华苏维埃共和国司法程序》。上述法律具体内容详见西北政法大学教学参考资料《中国近代法制史资料选辑》（第一至三辑），西北政法学院法制史教研室、西安昆明印刷厂编印，1985年 2 月。

② 代行最高法院职权，何叔衡被任命为临时最高法庭主审（后任主席），领导全苏区的审判工作。

③ 主要有《裁判部暂行组织及裁判条例》、《中华苏维埃共和国中央苏维埃组织法》与《中华苏维埃共和国司法程序》。

④ 苏维埃临时最高法庭和最高法院对苏维埃执行委员会及其主席团负责。最高法院是中华苏维埃共和国的最高审判机关和终审机关。最高法院内部设立刑事法庭、民事法庭及军事法庭，每庭各设一名庭长。最高法院设法院一人、副院长二人，由中央执行委员会主席团委任。根据《裁判部暂行组织及裁判条例》的规定，省、县、区裁判部是地方法院建立之前的地方审判机关，行使地方法院的一切职权，审理除军事机关工作人员及现役军人以外的一切刑事、民事、经济案件。西北政法大学教学参考资料《中国近代法制史资料选辑》（1840—1949）（第三辑），西北政法学院法制史教研室、西安昆明印刷厂编印，1985 年 2 月。

⑤ 下级裁判部直接隶属于上级裁判部，上级裁判部有委任和撤销下级裁判部长及工作人员之权，同时裁判部受同级政府主席团的指导。裁判部在审判方面受临时最高法庭的节制，在司法行政上则受中央司法人民委员部的指导，中央司法人民委员部有委任撤销裁判部长及工作人员之权。未与中央苏区打成一片的苏区省执行委员会得行使临时最高法庭和中央司法人民委员部的职权以解决司法上一切问题。

⑥ 苏维埃临时中央政府专门颁布了《中华苏维埃共和国军事裁判所暂行组织条例》。军事裁判所分为初级军事裁判所、阵地军事裁判所和高级军事裁判所、最高军事裁判会议四种类型，是专门审理军事机关工作人员及作战地带所发生的一切案件的审判机关。详见赣州法院网（中国法院网会员单位）之"最高法院旧址"，网址 zy. chinacourt. org/rmsf/，最后访问日期：2005 年 1月 10 日。

　　法院机构设立后实际审理了一定数量的案件。在 1932 年 2 月至 1934 年 10 月红军长征前两年半多的时间，临时最高法庭、最高法院先后审理和复核了有关刑事、民事、军事案件 3000 余件，年均 1000 多件。如此规模的工作量需要相应数量的审判人员，当时"中央、省、县、区四级苏维埃裁判机关干部和工作人员共 12000 余人"①，其中就有一定数量的专门从事审判工作的人员。这时的审判人员的情况为：最高法院内部设立刑事法庭、民事法庭及军事法庭，每庭各设一名庭长。最高法院设法院一人、副院长二人，由中央执行委员会主席团委任。在最高法院内组织委员会，其人数由中央执行委员会主席团按需要规定，以最高法院院长为主席。最高法院设检查长、副检查长各一人，检查委员若干人，检查长、副检查长由中央执行委员会主席团委任。这一时期最高法院主要成员有院长、副院长、庭长、检查长、副检查长、检查委员等，中央执行委员会主席团委任院长、副院长、检查长、副检查长等。② 裁判部的组成人员有部长、书记、裁判员、检查员等。裁判机构有裁判委员会和巡回法院，其中裁判委员会成员包括裁判部长、裁判员和民警所长③，法庭包括裁判部长、裁判员、陪审员、书记。裁判员可以兼任检查员。

　　苏维埃时期的司法工作尚处于初步阶段，这一时期司法人员尤其审判人员数量有限，相关人事制度远未完善。从事审判工作的人员主要包括裁判部长、裁判员、陪审员等。这些人员素质的情况可概括为：其一，司法工作并无明确专业素质要求。因为此时司法人员的文化知识素质尚不能保证，遑论法律专业素质要求。其二，对职业道德素质并无任何要求。其三，政治标准要求严格。此时的司法工作被认为是政权的重要组成部分，司法人员政治上不可靠绝对不行。其四，司法人员年龄必须已满 16 岁。这是目前所能找到的在法律上对司法人员资格的唯一明确要求。其五，裁判人员有了刑事审判与民事审判的分工。

---

　　① 刘岚、杨浙京：《红都溯源》，《法制日报》2001 年 6 月 28 日。

　　② 详见 1934 年 2 月中华苏维埃共和国临时中央政府执行委员会公布《中华苏维埃共和国中央苏维埃组织法》。

　　③ 详见西北政法大学教学参考资料《中国近代法制史资料选辑》（1840—1949）（第三辑），西北政法学院法制史教研室、西安昆明印刷厂编印，1985 年 2 月，第 128 页。

## 二 边区时期

中央红军到达陕北后不久国共合作共同抗战开始。抗战期间，中国共产党建立了包括陕甘宁边区、晋察冀边区和晋冀鲁豫边区等诸多抗日根据地。这些相对稳定的根据地政权不仅颁布了一定数量的法律法规政策等①，还建立了比苏维埃时期更为稳定的司法体制。

在法院设置方面，1939 年《陕甘宁边区高等法院组织条例》规定边区高等法院受中央最高法院的管辖②，边区参议会监督，边区政府领导。

---

① 这一时期的法律法令关于司法的政策主要包括：宪法方面：1939 年 1 月陕甘宁边区第一届参议会通过《陕甘宁边区抗战时期时期施政纲领》；1939 年 1 月颁布了《陕甘宁边区组织条例》、《陕甘宁边区县政府组织暂行条例》、《陕甘宁边区各乡市政府组织条例》；1941 年 11 月，中共中央政治局批准了中共边区中央局提出的《陕甘宁边区施政纲领》；1941 年 11 月，边区第二届参议会通过了《陕甘宁边区行政督察专员公署组织暂行条例》；1942 年 11 月通过了《陕甘宁边区保障人权财权条例》；1942 年 4 月通过的《陕甘宁边区各级参议会组织条例》、《陕甘宁边区各级参议会选举条例》；1946 年 4 月陕甘宁边区第三届参议会第一次大会通过的《陕甘宁边区宪法原则》；除了陕甘宁边区之外，其他抗日根据地也颁布了一些法律条例，如 1942 年 11 月《晋西北保障人权条例》、1943 年《晋察冀边区参议会组织条例》。民事方面的立法：1939 年 1 月《陕甘宁边区土地条例》；1939 年 9 月《晋察冀边区保护公私林木办法》；1919 年 10 月《晋察冀边区禁山办法》；1942 年 5 月《晋冀鲁豫婚姻条例实施细则》；1942 年 5 月《晋察冀边区典地回赎办法》；1943 年 1 月《晋察冀边区租佃债息条例》；1943 年 2 月《晋察冀边区婚姻条例》；1944 年 3 月《修正陕甘宁边区婚姻暂行条例》；1947 年《中国土地法大纲》。刑事方面：1939 年《陕甘宁边区抗战时期惩治汉奸条例草案》；1941 年 2 月《陕甘宁边区平和金融法令惩治办法》。其他边区颁布的法令有：1939 年 11 月晋察冀边区行政委员会公布的《修正处理汉奸财产办法》；1941 年 10 月《晋冀鲁豫边区惩治捣盗毁空室清野财物办法》；1942 年 2 月《晋冀鲁豫边区惩治贪污暂行办法》；1943 年 1 月《晋察冀鲁豫边区妨害婚姻治罪暂行条例》。四、诉讼法：1943 年 1 月《陕甘宁边区调整军政军民关系维护革命秩序暂行办法》；1943 年 2 月《陕甘宁边区抗属离婚处理办法》；1943 年 2 月《陕甘宁边区军民诉讼暂行条例》，1943 年 6 月《陕甘宁边区民、刑事件调解条例》。其他边区的法律法令有：1942 年 4 月《晋察冀边区行政村调解工作条例》、1942 年 9 月《晋察冀鲁豫边区民事诉讼上诉须知》、1941 年 1 月《晋察冀鲁豫边区关于逮捕搜索侦查处理刑事特种刑事犯之决定》、《晋察冀边区关于特种刑事案件审理程序之决定》、《晋察冀鲁豫边区工作人员离婚程序》、1946 年 1 月《晋察冀边区各级法院状纸与诉讼费暂行办法》。法院编制法：1939 年《陕甘宁边区高等法院组织条例》；1942 年 8 月《陕甘宁边区政府审判委员会组织条例》。其他边区的法律法令有：1943 年 1 月《晋察冀边区法院组织条例》；1942 年 8 月《陕甘宁边区政府审判委员会组织条例》；晋察冀边区第一届参议会在 1943 年 1 月通过《晋察冀边区法院组织条例》；1943 年 3 月公布《陕甘宁边区高等法院分庭组织条例草案》，详见西北政法大学教学参考资料《中国近代法制史资料选辑》（第一辑至第三辑），西北政法学院法制史教研室、西安昆明印刷厂编印，1985 年 2 月。

② 这只是名义上的，实际上边区政权是由中国共产党控制的。如虽然规定实行三级三审制，即县市地方法院为一级，省或边区高等法院为一级，中央最高法院为一级。但实际上各边区上诉到最高一级的案件，多数未诉到最高法院，而诉到边区行政委员会或边区审判委员会。

但"由于国共合作抗日的前提是共产党名义上受国民党中央政府的管辖,因而抗日民主政权的司法审判制度只能作为地方政府的法制组成部分,带有地方司法制度的特色。只不过同国民党统治区域的地方司法审判制度相比,共产党控制区域的司法审判制度实际均由共产党领导和操作"。① 事实上,边区司法体制是根据《陕甘宁边区议会及行政组织纲要》(以下简称《纲要》)确立的。《纲要》规定:边区法院审判独立,但隶属于主席团之下,以免行政与司法分立,同时,保持审判独立,以免行政包办司法。"这说明,边区司法只有'半权',是一种半独立。"② 具体到法院设置,高等法院设立以下六个部门:检察处、民事法庭、刑事法庭、书记室、看守所、总务科。在边区政府各分区内的专员公署内设立高等法院分庭,代表高等法院受理不服各该分区所辖地方法院或县司法处第一审判决上诉的民刑案件。司法处、审判委员会③分享司法审判权。陕甘宁边区所辖各县,除设地方法院外,都由各县司法处受理管辖内第一审民刑诉讼案件。

此时的法院工作人员已经有一定程度的分类,即审判人员与其他非审判人员,具体包括:高等法院院长、庭长及推事、书记员与书记长以及其他工作人员——司法警察、检验员、送达员、庭丁等。除法院审判人员外,司法审判权还被部分非司法部门的人员所分享,这些人员主要包括:审判委员会委员;司法处人员④。这一时期从事审判工作的人员主要可分为两类:一类是法院人员,即院长、庭长、推事;另一类是非法院人员——审判委员会委员(边区正副主席等)、司法处长(县长)、审判员,等等。

---

① 张培田:《法与司法的演进及改革考论》,中国政法大学出版社 2002 年版,第 63 页。

② 对这种体制,中共中央西北局、边区参议会、边区政府和边区高等法院的领导中间始终存在严重分歧,核心问题是司法是否需要独立于行政,司法是否属于专门事业、是否需要专门人才。详见杨永华《陕甘宁边区法制史稿》(宪法、政权组织法篇),陕西人民出版社 1992 年版,第 261—267 页。

③ 1942 年 8 月《陕甘宁边区政府审判委员会组织条例》为了落实《保障人权财权条例》中的人民有按级上诉权的规定。这个审判委员会不同于新中国成立后的审判委员会,后者是人民法院的内部组织,但前者是法院外部的机构,由委员五人组成,包括一名委员长、一名副委员长,分别由边区正副主席兼任。

④ 1943 年 3 月边区政府公布《陕甘宁边区县司法处组织条例草案》,规定陕甘宁边区所辖各县,除设地方法院外,都由各县司法处受理管辖内第一审民刑诉讼案件。县司法处设处长、审判员、书记员各一人。司法处处长由县长兼任,审判员协助处长办理审判事务,如果诉讼简单之县份得由处长兼任审判员"。

但此时的司法人员数量有限，甚至十分缺乏。边区地广人稀，干部奇缺，县、分区虽已设立司法处和高等分庭，可是找不到比得上县长专员的司法处长与庭长。① 到 1942 年 5 月，陕甘宁边区高等法院在册人员共计 173 人，而其中审判专业人员只有庭长 1 人，推事 2 人，书记员 2 人，其他均为行政及警卫等②。

当时边区普遍弥漫着司法工作不重要的风气，除个别领导人外大多数人并不重视司法工作。革命时代，人们普遍认为上前线杀敌报国光荣，不愿留在后方，特别是在地方上从事司法工作，加上司法工作升职慢，待遇低，领导不重视③，因此审判人员人数有限，三次精兵简政运动④基本没有涉及司法人员。

就法官素质具体内容而言，边区时期与苏维埃时期相比具有明确的要求，司法工作已经作为政权的重要组成部分日益受到重视。⑤ 具体情况是：

首先，政治素质要求严格。与苏区时期原则相同，司法人员政治素质依然是首要标准，具体包括：其一，司法人员必须忠于革命。时任高等法院院长的雷经天认为，司法人员"最主要的必须忠实于革命事业，能够奉公守法，刻苦负责，并了解新民主主义的法律精神，现在我们所有的司

---

① 杨永华：《陕甘宁边区法制史稿》（宪法、政权组织法篇），陕西人民出版社 1992 年版，第 266 页。

② 《陕甘宁边区高等法院全体人员名册》，陕西省档案馆档案，卷号 15—117。转引自侯欣一《陕甘宁边区高等法院司法制度改革研究》，《法学研究》2004 年第 5 期。

③ 1944 年边区关中分庭的司法工作总结中讲道："领导对司法工作的认识不够，甚至于看不起司法工作"，详见《关中分庭 1944 年 1—10 月司法工作总结》（1944 年 11 月 22 日），陕西省档案馆档案，卷号 15—260。

④ 边区一共进行了三次精兵简政。第一次是在 1941 年 11 月 21 日，边区政府举行政务会议，专门讨论之精兵简政问题。从这次会议之后到 1942 年 4 月底结束之后，边区行政机关裁并骈枝机构百余处，精减了冗员和浮额达数千之多。第二次从 1942 年 5 月开始到 8 月底。第三次时间最长，从 1942 年 9 月开始到 1944 年 1 月结束，历时 1 年 4 个月。这次提出"司法工作应该在各级政府统一领导之下进行"。详见杨永华《陕甘宁边区法制史稿》（宪法、政权组织法篇），陕西人民出版社 1992 年版，第 382—406 页。

⑤ 对于司法干部的选任，边区政府一直非常重视。当时已经认识到，司法工作与其他工作不同，带有较强的政治性、专业性。因此，选任司法干部的对象，着重于工农出身的积极分子之外。除按照一般干部标准外，边区政府还通过《陕甘宁边区政府关于召开全边区司法人员联席会议的通知》（1937 年 11 月）、《陕甘宁边区高等法院对各县司法工作的指示信》（1940 年 5 月）、《关于改善司法工作》（1944 年 1 月）等文件，具体对司法干部选任条件做了规定：（1）能够忠实于革命的事业；（2）能够奉公守法；（3）能够分析问题，判断是非；（4）能够刻苦耐劳，积极负责；（5）能够看懂条文及工作报告。这意味着作为一个司法干部不仅要具有革命事业所需要的品质，而且还要具备一定理解能力和文化水平。

法干部,法律知识虽较为缺乏,但他们都经过长期革命斗争的锻炼,而得到人民的信任"①。1944 年 1 月《关于改善司法工作》等文件具体关于司法干部的选任条件中第一条即为"能够忠实于革命的事业"。其二,司法工作要以人民满意为标准。"要在人民对于司法的赞否中,证明司法工作的对与否"②,换言之,人民的满意与否是判断司法工作的唯一标准。边区政府的法院领导人认为:"我们今天的司法工作主要依靠初审,但现有负责初审的干部一般能力较弱,阅历较差,要克服这一缺点,就必须使司法干部多下乡锻炼,多联系群众。关起门来玩旧型法律教条,是无补于事的。"③

其次,重视文化素质要求。边区干部整体文化水平不高,1942 年边区政府提出工农干部中未识字的,一般应在 2 年内学会 1000 字,初步消灭文盲。④ 当时陕甘宁边区的司法人员素质普遍较低,许多基层司法人员甚至连最简单的司法文书都无力撰写。针对此情况,1944 年 1 月《关于改善司法工作》对司法人员的要求之一是"能够看懂条文及工作报告"。

最后,轻视专业素质与职业道德要求,注重常人的道德素质标准。边区时期对审判的人员忽视专业素质要求存在一个反复的过程。1940 年 3 月中国共产党提出建立抗日民族统一战线的"三三制"政权,⑤ 边区政权机关包括参议会、政府与司法机关,因此司法机关也实行"三三制"原则。根据这一原则,司法机关进入了不少来自国统区的人员。⑥ 这导致边

① 雷经天:《关于改造司法工作的意见》(1943 年 12 月 18 日),陕西省档案馆档案,卷号 15—88。转引自侯欣一《陕甘宁边区高等法院司法制度改革研究》,《法学研究》2004 年第 5 期。

② 谢觉哉:《谢觉哉日记》(上)1943 年 2 月 26 日,人民出版社 1984 年版,第 469 页。转引自侯欣一《陕甘宁边区高等法院司法制度改革研究》,《法学研究》2004 年第 5 期。

③ 西北政法大学教学参考资料《中国近代法制史资料选辑》(1840 —1949)(第三辑),西北政法学院法制史教研室、西安昆明印刷厂编印,1985 年 2 月,第 299 页。

④ 杨永华:《陕甘宁边区法制史稿》(宪法、政权组织法篇),陕西人民出版社 1992 年版,第 465 页。

⑤ 这一政权的性质正如毛泽东所指出的:"在人员分配上,应规定为共产党员占三分之一,非党的左派进步分子占三分之一,不左不右的中间派占三分之一。"毛泽东:《抗日根据地的政权问题》,《毛泽东选集》第 2 卷,人民出版社 1991 年版,第 742 页。

⑥ 司法系统选调了陈质文、石汶、王怀安、周泓、叶映宣、王权五、李碧岩、孙效实等具有一定的法律知识者充实到各级司法队伍中,详见《陕甘宁边区政府命令》,(1943 年 12 月 25 日),陕西省档案馆档案,卷号 15—128。转引自侯欣一《陕甘宁边区高等法院司法制度改革研究》,《法学研究》2004 年第 5 期。

区爆发了一场司法改革运动①，期间曾就司法工作是否坚持司法专业化、规范化产生了激烈的争论。经过实践检验，边区政府最终推出符合边区实际情况的马锡五审判方式②，为此次争论画上了句号。而马锡五审判方式日后则对新中国司法体制产生了深远影响。《关于改善司法工作》其他3条规定也体现了这一原则，其中第3条"能够分析问题，判断是非"可以勉强算做对审判能力的要求，而第2条"能够奉公守法"与第4条"能够刻苦耐劳，积极负责"，虽可归为在道德素质，但与对普通人要求却几乎无差别。

　　虽然，社会对法官素质的评价有过波动，而波动恰恰发生在司法专业化与规范化之际。正如侯欣一教授所指出的那样，陕甘宁边区经济文化十分落后，人口稀少，居住分散，文盲高达百分之九十九，生性随意散漫，对现代文明和法制的了解极为有限，人们需要的是传统的能为民做主的"青天大老爷"。不仅如此，中国共产党在早期人员构成上是以工农为主，那些生活在社会下层的工人和农民，很多人有着深受国民党法律欺凌的亲身经历，充满了对旧法律，甚至一切法律本能的抵触与厌恶。换言之，尽管当时边区的司法制度存在着很多问题，但就总体而言，建立新型司法制

---

　　①　1942年5月到1943年12月边区一场司法改革运动。详见侯欣一《陕甘宁边区高等法院司法制度改革研究》，《法学研究》2004年第5期。

　　②　马锡五审判方式：1944年3月13日《解放日报》发表了一篇题为"马锡五审判方式"的文章。文章开始就引用了林伯渠在《边区政府一年工作报告》中《关于司法工作》中一段话："提倡马锡五同志的审判方式，以便教育群众。"这篇文章分别举了马锡五审理的一个婚姻案件以及两个土地案件来说明马锡五审判方式，之后对此总结了三点：第一，马锡五是深入调查的。文章认为马锡五真正做到了林伯渠主席报告内所说的"切实照顾边区人报（原文如此——笔者注）的实际生活，切实调查研究案情的具体情况，分别其是非轻重"。认为"我们今天的司法工作主要依靠初审，但现有负责初审的干部一般能力较弱，阅历较差，要克服这一缺点，就必须使司法干部多下乡锻炼，多联系群众。关起门来玩旧型法律教条，是无补于事的"。第二，马锡五是在坚持原则、坚持执行政府的政策法令又照顾群众生活习惯及维护其基本利益的前提下，合理调解的是善于经过群众中有威信的人物进行解释说服工作的，是为群众、又倚靠群众的。马锡五同志说：真正群众的建议比法律还厉害（"三个农民佬，顶一个地方官"）。文章认为他真正做到了林伯渠报告中所说的"以双方自愿为原则的民间调解"。第三，马锡五的方式是简单轻便的，审判方法是座谈式而不是坐堂式的。"不敷衍，不拖延，早晨，晚上，山头，河边，群众随时随地都可要求拉话，审理案件。""因此，他是真正'民间'的，而不是'衙门'的，真正替人民服务，而不替人民制造麻烦的。"文章最后对此总结了一句话：马锡五同志的审判方式——这就是充分的群众观点。文章认为这就是马锡五被群众称为"马青天"的主要原因。详见西北政法大学教学参考资料《中国近代法制史资料选辑》（第一辑至第三辑），西北政法学院法制史教研室、西安昆明印刷厂编印，1985年2月。

度的社会基础并非像想象的那样强大。因而,在这样一种环境下,强调程序的完善,也不太现实。也就是说,在如此的时机、如此的地区、如此的现状下,过分地强调上述两点,势必会冒着失去民众,甚至党内大多数人支持的风险。① 而当时民众对改革后司法制度的不满集中在嫌程序烦琐、效率太低方面,如 1944 年在边区参议会的工作报告中对最近一两年来边区司法的评价里指出: "司法工作没有迅速解决人民的问题……处理案件不迅速,既耽误生产,费用又多,有的民事案件只需政府一句话,有三五天就能判决,但延迟到十天半月才能决案。冬春天还不要紧,夏秋天就太妨碍生产。"② 但在此背景下,常有不懂法律的群众因审级不符被法院驳回时晕头转向,莫名其妙。马锡五审判方式的提出受到了民众欢迎。因为,边区群众大多数并不认可法律中的程序性规范性的规定,而且干部中尤其工农干部也普遍缺乏对此的认识。可以说马锡五审判方式契合了这种需要,因此,人们普遍对马锡五式的审判人员肯定有加。

因此,边区时期强调法官的政治素质与一定的文化素质,若依法官职业标准衡量,现代法官的专业素质与职业道德素质基本未曾建立,这一时期的法官素质并不合格。但出现了令人困惑的现象:按照社会评价判断则会发现结论完全相反。

# 第二节　第二阶段(1946—1976 年)

## 一　新中国成立初期的司法制度概况

解放战争后期中国共产党已开始全面为新中国的成立做准备了,建立怎样的司法制度以及如何对待司法工作都成为此时需要考虑的问题。这一时期的相关决定对新中国司法制度的建立影响深远。新中国成立初期,经过了司法人员的改革运动后法律虚无主义不久便盛行开来,法院逐渐在国家政治生活中处于边缘地位,乃至最终在"文化大革命"中基本上被取消。这是这一时期法制发展的总体情况。具体而言,新中国司法体制建设

---

① 侯欣一:《陕甘宁边区高等法院司法制度改革研究》,《法学研究》2004 年第 5 期。

② 《陕甘宁边区高等法院两年半来的工作报告》(1944 年 9 月 30 日),陕西省档案馆档案,卷号 15—193。转引自侯欣一《陕甘宁边区高等法院司法制度改革研究》,《法学研究》2004 年第 5 期。

建立在这三项工作的基础上：

一是彻底否定以《六法全书》为代表的国民党政权的旧法统，开展"司法改革运动"，改造旧法人员。

1949年2月颁布了《中共中央关于废除国民党的六法全书与确定解放区的司法原则的指示》，确立了这一时期的司法原则：

首先，完全否定国民党颁布的《六法全书》。其次，在新法律尚未建立，而旧法律——《六法全书》被完全否定之后，对司法工作作出如下规定："在无产阶级领导的工农联盟为主体的人民民主专政的政权下，国民党的六法全书应该废除，人民的司法工作不能再以国民党的《六法全书》为依据，而应该以人民的新的法律作依据。在人民新的法律还没有系统地发布以前，应该以共产党的政策以及人民政府与人民解放军所发布的各种纲领、法律、条例、决议作依据。目前在人民的法律还不完备的情况下，司法机关的办事原则应是：有纲领、法律、命令、条例、决议规定者，从纲领、法律、命令、决议之规定；无纲领、法律、命令、条例、决议者，从新民主主义的政策。同时司法机关应该经常以蔑视和批判《六法全书》及国民党其他一切反动的法律、法令的精神，以蔑视和批判欧美日本资本主义国家一切反人民法律、法令的精神，以学习和掌握马列主义——毛泽东思想的国家观、法律观及新民主主义的政策、纲领、法律、命令、条例、决议的办法来教育和改造司法干部。只有这样做才能使我们的司法工作真正成为人民民主政权工作的有机构成部分；只有这样才能提高我们司法干部的理论知识、政策知识与法律知识的水平和工作能力；只有这样才能彻底粉碎那些学过旧法律而食古不化的人的错误和有害的思想，使他们丢下旧包袱，放下臭架子，甘当小学生，重新从马列主义——毛泽东思想及我们的政策、纲领、命令、条例、决议学起，把自己改造成为新民主主义政权下的人民的司法干部，只有这样做他们才能对人民服务，才能与我们的革命司法干部和衷共济消除所谓新旧司法干部不团结和旧司法人员炫耀国民党的六法全书和自高自大的恶劣现象。"①

开展"司法改革运动"。新中国虽然完全否定了国民党的旧法统，但

---

① 《中共中央关于废除国民党的六法全书与确定解放区的司法原则的指示》，西北政法大学教学参考资料《中国近代法制史资料选辑》（1840—1949）（第三辑），西北政法学院法制史教研室、西安昆明印刷厂编印，1985年2月，第433—434页。

因为在新中国成立之初司法人员奇缺,不得不在一定程度上留用旧司法人员。从 1952 年 8 月起,历经 9 个月,全国司法领域开展了司法改革运动,运动的主要目的是彻底改造和整顿各级人民法院。这次运动的具体任务是:第一,贯彻思想改造与组织整顿相结合的方针,肃清旧法观点,克服思想不纯;第二,撤换堕落腐化、作风恶劣、坚持旧法观点不改的领导干部和清除旧司法人员中的坏分子,以保证组织纯洁;第三,改变人民法院中司法人员的成分,吸收大批忠于革命、作风正派的老干部和积极分子,以及群众中的优秀代表到法院工作;第四,开展批判旧法观点的思想检讨和宣传教育活动,揭露旧法危害性,发动群众检举旧法作风和违法乱纪行为,总结人民司法创造的经验。[1] 通过司法改革运动,从政治上、组织上、思想作风上整顿了各级人民司法机关,在全国范围内系统地建立与健全了人民司法制度。[2]

二是借鉴苏联的司法体制。新中国成立后,中国共产党取得了全国政权,在司法制度方面,虽然可以借鉴革命根据地的经验,但显然不能满足形势发展的需要。在这种情况下,全面学习和接受苏联司法 30 多年的经验,结合中国国情,成为了主流。

当时苏联的审判员由选举产生;而且规定审判员独立,只服从法律;应选或候选的审判员当选,必须具备年满 23 岁且未受刑事处分的条件;审判员和人民陪审员必须具备良好的道德品质;审判员向自己的选民报告工作并负责,选民有罢免之权;审判员必须遵守纪律,并对违纪行为承担相应责任。对违反纪律的审判员,可适用申斥、记过、记大过处分;触犯刑律则依法追究刑事责任。苏联建立之初对法院审判队伍的建设十分重视,根据苏联宪法和法律,所有审判员都必须经过普遍、平等、直接、无记名投票的选举,以保障审判员的素质。苏联最高苏维埃主席团主席加里宁认为:"如果有人问我:哪种人能够从事审判员的工作……那末我的回答是:审判员应当至少是具有共产主义大学水平的知识,具有丰富的社会

---

① 司法部长史良 1953 年 4 月 11 日在第二届司法工作会议上作的题为"关于加强人民司法工作建设的报告",转引自张培田《法与司法的演进及改革考论》,中国政法大学出版社 2002 年版,第 98 页。

② 关于司法改革运动的原因参见蔡定剑《历史与变革——新中国法制建设的历程》,中国政法大学出版社 1999 年版,第 31—33 页。

政治经验，善于识别人们；而且我应当补充一句，具有高度文化水平的人。"① 吸收苏联的经验，新中国成立初期，审判员的建设方针是"调配一定数量的老干部，作人民司法机关的骨干，大量培养新干部，大胆选用旧司法人员"②。

但中国与苏联的国情不同，新中国并未照搬苏联的做法，如审判员独立制度等。当时新中国法院的高层领导提出在借鉴苏联经验的基础上根据中国的实际情况建立法院相关制度，吴溉之指出："我们的审判员根据政策法律办理刑民案件，他是直接以国家的名义行使自己的职权，他的每一件工作，都密切地关联着人民的利益。所以苏联的审判员，是由公民以普遍、平等、无记名的选举方式投票选举的。我们人民法院的审判员，将来也要循着这个方向走的，但是目前还不具备这种条件，还不可能这样做。目前我们各级人民法院院长和审判员，应该是由各级人民代表机关或各级人民政府委员会任免。"③

三是结合具体国情，总结根据地经验，建立新中国的司法体制。其实，在借鉴苏联司法制度时，新中国的法院相关领导已经认识到必须结合自己的国情，总结根据地时期的司法经验，创建社会主义中国的司法体制。④

---

① ［苏联］卡列夫：《苏维埃法院组织》，中国人民大学刑法教研室译，法律出版社 1955 年版，第 42 页，转引自何勤华《关于新中国移植苏联司法制度的反思》，《中外法学》2002 年第 3 期。

② "人民法院审判工作报告——最高人民法院吴溉之副院长在全国司法会议上的报告"，载《中央政法公报》第 18 期，1950 年 10 月 31 日。转引自何勤华《关于新中国移植苏联司法制度的反思》，《中外法学》2002 年第 3 期。

③ "人民法院审判工作报告——最高人民法院吴溉之副院长在全国司法会议上的报告"，载《中央政法公报》第 18 期，1950 年 10 月 31 日。转引自何勤华《关于新中国移植苏联司法制度的反思》，《中外法学》2002 年第 3 期。

④ 1949 年 9 月颁布的《中国人民政治协商会议共同纲领》第 17 条规定建立人民司法制度。1949 年 12 月 20 日颁行了《中央人民政府最高人民法院试行组织条例》，1951 年 9 月 3 日中央人民政府委员会通过了《中华人民共和国人民法院暂行组织条例》，确立了新中国成立初期的法院组织机构和基本的审判制度。1949 年到 1954 年，新中国包括司法在内的各项制度已基本建立。1954 年第一届全国人民代表大会召开以前，我国司法机构及有关审判制度具有新中国成立初期的过渡性质。1954 年第一届全国人民代表大会第一次会议通过了《中华人民共和国宪法》和《中华人民共和国法院组织法》，标志着人民法院开始进入按照法律制度进行审判活动的新阶段，具有重要和深远的意义。这两部法律第一次以法律的形式确立了我国基本的司法制度。人民法院组织法以宪法关于人民法院组织与活动的基本原则的规定为依据，在总结新民主主义革命时期以来的司法工作经验、并参考苏联司法工作经验的基础上，对人民法院的性质、任务、体制、组织机构、审判原则和审判工作制度等作了明确的规定。

1954 年宪法与法律颁布实施之后，中共八大关于转入建设社会主义建设的路线确定之后，人民审判制度发挥着保障社会主义建设稳定发展的重大作用，司法审判制度逐步完善。但此建设随着 1957 年反右斗争的开始，经"大跃进"运动，受到严重影响，直至"文化大革命"的爆发之际，司法审判制度的职权为群众专政指挥部、军管会代表和革命委员会人保组取代，直到 1975 年宪法重新确认人民审判制度为止尚未完全扭转。

### 二　法官素质的实际情况

与前一时期相比，这一阶段的法官范围此时更加明确，审判人员主要包括两类人，第一类人为司法人员，具体为院长、副院长、庭长、副庭长审判员与助理审判员、执行员、书记员；第二类为非司法人员，如陪审员。1954 年《人民法院组织法》确立了各类审判人员资格与任免制度，规定各类审判人员包括院长、副院长、庭长、副庭长审判员与助理审判员、执行员、书记员；人民陪审员在人民法院执行职务期间属于其所参加的审判庭的组成人员，与审判人员有同等权利；可当选为助理审判员以上的法院审判人员及人民陪审员，必须是年满 23 岁的有选举权和被选举权的公民，被剥夺过政治权利的除外；规定各级审判人员的任免制，即地方各级人民法院助审，由上一级司法行政人员任免，最高法院助审员由司法部任免；审判员、副庭长、庭长、副院长由该级人民委员会任免（最高法院的前列人员任免权归全国人大常委会），法院院长由该级人民代表大会任免；确定法院院长任期 4 年；明确各类审判工作人员职责。①

新中国成立之初，司法人员极为匮乏，董必武在《论加强人民司法工作》一文中公布了审判人员的人数，他说："全国解放三年以来……除了搞行政工作的人员不算，真正搞审判工作的人员只有六千人。"②

法官素质具体要求方面，此时与第一阶段相比，既有相同之处，也有新变化。

首先，与以往一致，政治素质依然是法官最重要的素质。新中国成立

---

① 《中央政法公报》1954 年 9 月，转引自张培田《法与司法的演进及改革考论》，中国政法大学出版社 2002 年版，第 102 页。

② 董必武：《董必武法学文集》，法律出版社 2001 年版，第 152 页。

初期国家十分需要司法人员，即便如此，"司法改革运动"依然规定旧法人员如不经深刻地改造不能留用。董必武指出："我们今天对待旧司法人员的原则应该是：旧推、检人员不得任人民法院的审判员，旧司法人员未经彻底改造和严格考验者，不得做审判工作。"① 对政治素质的重视与新中国成立初期的法律观密切相关，这一时期的法律观认为："法律是统治阶级公开以武装强制执行的所谓国家意识形态。法律和国家一样，只是保护一定统治阶级利益的工具。国民党的《六法全书》和一般资产阶级法律一样，以掩盖阶级本质的形式出现，但是实际上既然没有超阶级的国家当然不能有超阶级的法律，《六法全书》同一般的资产阶级法律一样，以所谓的人人在法律方面的一律平等的面貌出现，但实际上在统治阶级与被统治阶级之间、剥削阶级与被剥削阶级之间、有产者与无产者之间、债权人与债务人之间没有真正共同的利害，因而也不能有真正平等的法权。因此国民党全部法律只能是保护地主和买办官僚资产阶级反动统治的工具，是镇压与束缚广大人民群众的武器。"②

其次，法官初步被要求需具有一定的文化与专业素质。当时的法院高层领导已认识到司法工作的专业性，时任最高法院副院长的吴溉之比较全面地论述了法官素质的具体要求，他说："从审判员的工作职责来说，他必须具备三个起码条件：第一，坚定的政治立场和忠诚为人民服务的思想作风；第二，熟悉人民政府的政策法令和立法精神，并且善于在实际工作中结合具体刑民案件灵活地运用；第三，要有一定的文化水平、科学知识和社会常识。"③ 董必武也一再呼吁成立专门的政法院校来培养司法人员，他说："这些干部（司法干部——引者注）要有什么样的水平呢？要求初步懂得马列主义毛泽东思想的国家观、法律观。初步懂得国家法令政策，并懂得如何去组织执行。……故规定中央政法干部学校，一面培训在职干部，同时培养一部分政法教育工作的师资，并取得教学内容和教学方法的

---

① 董必武：《关于司法机关及政法干部补充、训练诸问题》，载《董必武法学文集》，法律出版社 2001 年版，第 122 页。

② 《中共中央关于废除国民党的六法全书与确定解放区的司法原则的指示》，西北政法大学教学参考资料《中国近代法制史资料选辑》（1840—1949）（第三辑），西北政法学院法制史教研室、西安昆明印刷厂编印，1985 年 2 月，第 431—432 页。

③ "人民法院审判工作报告——最高人民法院吴溉之副院长在全国司法会议上的报告"，载《中央政法公报》第 18 期，1950 年 10 月 31 日。转引自何勤华《关于新中国移植苏联司法制度的反思》，《中外法学》2002 年第 3 期。

经验,以便推动与协助各地对政法干部训练工作的开展。"① 事实上,对于年龄的法律规定也反映了这种认识上的变化。董必武对审判员规定解释说:"为什么法律规定二十三岁以上的成年人才能当审判员,其他干部并没有这样的年龄限制呢? 就是由于当审判员,要懂得些法学知识,还要懂得人情物理。作审判工作,只懂得法,不懂人情物理,法学博士也不一定搞好审判工作。"②

此时法院领导人在观念上认为法官需要具备的素质为:政治素质、专业素质以及文化素质。但遗憾的是这些认识却未能落实为制度性的规定。在法官选任方面的规定,与其他司法人员(如检察人员、监察人员)相比,并未显现出审判要求的特殊性。只要在政治上可靠,文化与专业知识稍弱或无的人就有可能成为审判人员。董必武在《关于司法机关及政法干部补充、训练诸问题》一文中就建议:"今天我们应该开辟新的司法干部来源,大体有以下几个方面:(一)骨干干部,应选一部分较老的同志到法院担任领导骨干;(二)青年知识分子;(三)五反运动中的工人店员积极分子;(四)土改工作队和农民中的积极分子;(五)专业建设的革命军人(包括一部分适于做司法工作的轻残废军人);(六)各种人民法庭的干部,工会、农会、妇联、青年团等人民运动中涌现出并经过一些锻炼的群众积极分子。"③ 此后上述建议多数得到了落实,而最终,即便这些与审判特征不相符合的选任规定也在确立后不久就遭到了破坏。④

## 第三节 第三阶段(1976年至今)

### 一 法治发展概况

"文化大革命"中,中国法制建设几近中断,法院也未能幸免。"文

---

① 董必武:《董必武法学文集》,法律出版社2001年版,第82页。

② 同上书,第419页。

③ 董必武:《关于司法机关及政法干部补充、训练诸问题》,载《董必武法学文集》,法律出版社2001年版,第122页。

④ 如在"大跃进"时期,审判权由审判人员行使的原则就被打破,司法领域实行的三机关联合办案,主要有两种形式,即"一长代三长"、"一员代三员"。所谓"一长代三长"是指公安局长、检察长、法院院长可以互相替代。如果公安局长负责办案,他不仅可代替检察长行使检察权,而且还能够代替法院院长行使审判权。检察长或法院院长行使审判权。检察长或法院院长负责办案,同样可享有代替行使职权的权力。所谓"一员代三员"是"一长代三长"制度的深化,即公安员负责办案,除行使侦查权外,还可以行使检察权和审判权。

化大革命"结束后,恢复法制便成为国家政治生活中的一件大事。邓小平在 1978 年提出:"为了保障人民民主,必须加强法制。必须使民主制度化、法律化,使这种制度和法律不因领导人的改变而改变,不因领导人的看法和注意力的改变而改变。"① 此后,随着中国全面改革开放,法制建设步伐迅速加大。

改革开放以来立法与审判情况的变化在很大程度上反映了审判形势与法官审判任务的变化。第一,在立法方面,这 30 年中国发生了巨大的变化,大量的基本法律、行政法规、地方与部门规章等制定出来,法官面临的专业要求越来越大。近年来人们从直观上也能感到法律文件不断增多,几乎每过一段时间就会有一批新的法律法规出台。据统计,到 2002 年底,制定、修改的法律约 400 个,行政法规近千个,地方性法规近万个,行政规章则有 3 万多个。② 这是改革开放之前的中国法制建设无法比拟的。

第二,法院案件类型的增多与数量的急剧增长在法律上对法官提出了更高的要求。法院案件类型发生了很大的变化。在改革开放初期,案件主要有两种类型:一种是刑事案件;一种是民事案件。但随着我国经济、政治、法律等方面制度改革的逐步推进,情况逐步发生变化。例如行政案件的出现与审理,从 1983 年起,陆续有不少关于环境保护、食品卫生、税务、商标等方面的行政案件起诉到人民法院。③ 从 1989 年起,各级人民法院陆续设立行政审判庭。最高人民法院决定,对经济行政案件,除属于专利、商标行政案件仍由经济审判庭审理外,均划归行政审判庭受理。1989 年 4 月,《行政诉讼法》颁布,这些事件表明,行政案件已经发展为和刑事、民事、经济案件并列的第四类案件。鉴于一些民事经济案件的特殊性,法院系统设置了专门的机构进行审理,如海事海商、铁路运输、航空运输和公路运输等案件类型。

20 年来立法与司法情况的变化表明法官面临的客观情势远非新中国成立之初以及改革开放之初可比,此时的法官审判所需要的业务素质以及

---

① 《邓小平文选》第 2 卷,人民出版社 1994 年版,第 146 页。

② 周旺生编写:《中国立法制度》,见中国网(http://www.china.org.cn/chinese/zhuan-ti/283834.htm),最后访问日期:2004 年 12 月 8 日。

③ 何兰阶、鲁明健主编:《当代中国的审判工作(上)》,当代中国出版社 1993 年版,第 296 页。

工作压力明显加重。立法与纠纷快速增长，法官在审判方面的要求客观上与以前发生了很大的不同。

## 二    《法官法》：当代中国法官素质的法定标准

社会情况客观的变化对法院工作不能不产生巨大影响。事实上，中国法院在"文革"中期虽有所恢复①，但真正意义上的恢复却始于"文革"结束，尤其是《人民法院组织法》② 颁布之后。这一阶段法院启动了包括人事在内的各项改革。

基于法官素质低的现实，社会各界采取了多种措施试图解决此问题，其中最重要的措施是立法机关动用了立法手段。1995 年 2 月 28 日第八届全国人民代表大会常务委员会第十二次会议通过《法官法》，6 年之后，2001 年 6 月 30 日第九届全国人民代表大会常务委员会第二十二次会议又通过《关于修改〈中华人民共和国法官法〉的决定》（以下简称《法官法》）。《法官法》第一条开宗明义提出立法的目的就是"为了提高法官的素质，加强对法官的管理，保障人民法院依法独立行使审判权，保障法官依法履行职责，保障司法公正，根据宪法，制定本法"。

《法官法》的颁布是一个里程碑，标志着法官素质问题的解决进入了法制化的轨道。其后法院以这部规范性法律文件为基石，颁布了多部旨在解决法官素质问题的文件。③ 以《法官法》颁布为界，中国法官素质问题在近 30 年来从无到有的发展过程，可被划分为两个阶段：第一阶段（1976—1995 年）与第二阶段（1995 年至今）。

《法官法》与相关的法院文件规定了法官素质具体要求，都可以作为考察两阶段法官素质实际状况的标准。这类标准在两阶段可发挥不同的作用。在第一阶段可作为理想标准，对实际情况进行比照，以反衬现实情况与理想标准的差距。在第二阶段则可作为客观标准，以便发现法律标准在现实情况究竟如何。

---

①    1972 年中共中央就决定逐步撤销公安机关军管会对审判权的控制，恢复各级人民法院。

②    1979 年 7 月 1 日第五届全国人民代表大会第二次会议通过。1982 年宪法颁布之后，为了落实宪法的规定，1983 年 9 月全国人民代表大会常务委员会通过了《关于修改〈中华人民共和国人民法院组织法〉的决定》。这部法律与 1982 年宪法规定了中国现行法院的基本体制。

③    由于这部法律很多规定比较原则，近年来最高人民法院先后制定颁布了许多相关法律文件对其的落实进行了细化与补充。详见第六章中表 5 "改革开放以来有关法官素质改善主要规范性法律文件统计表"。

《法官法》与法院制定的旨在解决法官素质问题的文件相关规定已经具有明确的要求，与以往相比，是极大的进步。这些规定往往针对中国法官素质现状而提出，体现了中国法官素质实际情况的特殊性。考察法官素质现状之前，首先分析中国当下这些以《法官法》为基本法的法官素质法定标准十分必要。换言之，为准确考察法官素质在行动中的法（law in action）意义上的情况，先得搞清楚法官素质在纸面上的法（law in the paper）意义上含义。因此，梳理与总结此类规定，有助于考察中国法官素质实际情况在改革开放以来的具体变化。法官法与相关规范性文件与法官素质有关的内容可概括如下：

第一，法官政治素质。前面历史考察可知法官必须保持政治素质是中国的司法传统，董必武对此总结道："我们党从井冈山建立革命政权的时候起，就有了自己的政法工作。人民政法工作和军事工作、经济工作、文教工作一样，在党中央和毛主席的领导下，从民主革命到社会主义革命，逐步积累起丰富的经验，形成了自己的优良传统。这就是服从党的领导、贯彻群众路线、结合生产劳动、为党和国家的中心工作服务。这十分鲜明地概括了我们人民政法工作的优良传统。"[1]

第二，法官业务素质。其一，知识，包括两个方面：一是文化知识，衡量的标准主要是学历；二是专业知识，包括的内容比较多，首先是成为法官必须具备的专业知识，如法学理论、部门法知识等等，衡量标准主要为是否通过或接受下列三种考试或教育：系统的法学教育，即法学专科或者本科及其以上的学历；全国司法统一考试（在之前的律师资格考试或者法官资格考试等）；法官培训等。[2] 其次是成为法官之后对于新法律知

---

① 董必武：《实事求是地总结经验，把政法工作做得更好》，载《董必武法学文集》，法律出版社 2001 年版，第 423 页。

② 严格而言，法学培训是不能算作标准，不过，考虑到目前有相当一部分人没有接受法学教育或者通过司法考试的经历但事实上已经成为法官的现状，可以把接受在职法学教育也算作具有法学知识。可以参照的一个情况是，目前中国不少开设法学研究的教育院校对于研究生阶段之前没有法学知识的背景的学生要求他们补课，即对那些基本的法学课程重新学习。法学硕士是这样的情况，而全国统一考试中的法律硕士本来就是为非法学本科毕业的学生开设的，所以他们入学之后也应当对自己欠缺的法学本科知识进行补课。这样，最终在他们毕业时，也普遍认为是具备系统完整的法学教育。

识的掌握。① 其二,专业经验,具体衡量的标准包括:首先是工作年限,具备一定的工作年限说明法官具有职业经验的积累。法律工作年限可作为衡量法官经验的一个标准,这一标准是明确的;其次是要求法官能够在处理具体案件时结合法律基本精神与规定创造性化解纠纷的能力②,这一能力最终体现为法官的裁判能力。

第三,法官职业道德。为规范和完善法官职业道德标准,提高法官职业道德素质,最高人民法院在 2001 年 10 月 18 日公布了《中华人民共和国法官职业道德基本准则》。这部法律解释全面强调了法官工作需要注意的各种问题,从审判中到审判后,从任职中到退休后,从工作时间内到工作时间之外等等,是目前对法官道德素质标准的全面论述。这部准则许多部分对法官职业道德标准做了明确要求,包括以下几类:法官在审判过程中所应遵守的准则,如回避、拒绝说情、使用正当手段进行裁判、自觉接受审判监督、不私自会见当事人、尊重与平等对待诉讼参与人。审判案件具体要做到以下几点:避免主观偏见、滥用职权和忽视法律等情形的发生;独立思考、自主判断,敢于坚持正确的意见;保持中立;对与当事人实体权利和诉讼权利有关的措施和裁判应当依法说明理由,避免主观、片面地作出结论或者采取措施;慎重处理与其他法官的关系;保密原则;处理好媒体与舆论的关系;遵守法律,提高效率;保持清正廉洁;遵守司法礼仪。

综上所述,中国法官素质的具体内容及其标准构成可用表 3 – 1 表示。

---

① 如刑事诉讼法与民事诉讼法修订之后在法律上新的改变,由此对法官提出了新的要求,这里的知识是法官从事职业一直都存在,要求法官随着新法律的颁布进行学习从而不断掌握新的法律知识。有些研究者认为法官素质包括要掌握新法的各项规定以及要转变观念如确立法官在庭审中超脱中立的地位,认为法官高素质应当对边缘知识具有一定深度的涉猎能力等等,认为应当培养法官在诉讼中能够综合运用法律和其他知识的素质以及培养法官准确、逻辑性强的语言文字表达素质等等,都应当包括在这一范围内。

② 具体可能包括两点:一是社会阅历和见识。工作年限长并不必然就有丰富的经验,只能说是一个必要条件。要有丰富的工作经验,还需要法官具有深刻的洞察社会的能力,包括对社会及其事物敏锐观察和深刻认识、沉稳应对各种事变以及善于总结实践经验,升华法律理论,开展调查研究的能力。二是对于庭审等审判工作的把握能力,如善于提出并选择解决矛盾的方案及处理问题、对解决纠纷平衡、折中及调和等能力。

表 3 - 1　　　　　　　　　　中国法官素质具体内容及其标准构成

| 法官素质 | 构成名称 | 具体内容 | | | 衡量标准 |
|---|---|---|---|---|---|
| | 法官政治素质 | | | | 政治面貌 |
| | 法官业务素质 | 知识 | | 文化知识 | 学历 |
| | | | 专业知识 | 成为法官之前必备的专业知识 | 法学教育 |
| | | | | | 全国统一司法考试（律考） |
| | | | | | 法学培训 |
| | | | | 成为法官之后必备的对新法律知识的掌握 | 在职培训 |
| | | | 经验 | | 工作年限等 |
| | 法官职业道德素质 | 《中华人民共和国法官职业道德基本准则》的具体内容 | | | 《中华人民共和国法官职业道德基本准则》具体标准 |

### 三　法官素质的现状考察

从法官职业标准看，这一时期的法官素质，存在一个从不要求到要求逐步发展的过程。"文革"结束到 80 年代中期，最高人民法院的领导已经认识到要从过去只看政治素质高低而不关心审判业务水平的倾向转为两者并重，时任最高人民法院院长的江华在 1981 年《最高人民法院的报告》（以下简称《报告》）中提出："各级人民法院要加强对在职干部的轮训工作，提高干部的政治素质和业务素质。"在 1983 年的报告中他更明确地指出了这一点："实践证明，审判人员具有良好的政治素质是必要的，但这是不够的，还必须有一定的法律专业知识和科学文化水平，否则是难以担负起越来越繁重的审判工作任务的。"但这一时期法院建设百废待兴，工作重心主要是清理历史遗留问题与审理现实案件，还无暇真正顾及内部人员的管理与建设，因此，在事实上，这一时期主要强调审判人员能够完成审判任务，对其所要具备的专业要求并不严格，这体现在法院人员分类模糊方面。当时，法院对内部人员尚未明确分类，甚至在《法官法》颁布前，"法官"一词也并非法院正式用语。在法院从事审判的人往往被称为"法院干部"、"审判人员"以及"干警"等。

进入 20 世纪 80 年代中后期，法院工作重心逐步从前一阶段过于关注审判工作转为审判和自身建设并重。随着社会生活的发展,立法数量与审判数量的增加,法院越来越意识到法院内部机构设置以及人员管理对于审判工作的重要性,与前一时期相比,更加注重自身建设。对法官素质的要求也从过去只注重政治素质转为政治素质与业务素质并重,并且这一转变也真正开始从观念层面向现实层面推行。时任最高人民法院院长的郑天翔在1984年的《报告》中指出:"人民法院的建设虽然有明显的进展,但是,目前审判人员数量仍然不足,素质不适应形势发展的需要。"从1985年开始,为改善法院干部素质,最高人民法院通过多种途径,培训在职干部。对法官素质的关注不仅在法院工作中显现出来,法院人员也开始在理论上进行思考。1986年发表的首篇研究中国法官素质问题的论文作者童平宇就是法院工作人员。他提出:"人民法官必须具备实事求是、依法办案、刚正不阿、铁面无私的品质,全心全意为人民服务。这就要求从政治、业务两方面提高法官的素质。实践证明,如果对法官的业务一知半解或一窍不通,仅仅靠满腔热情,一身正气,不能当一个好法官。"[1] 法院人员的管理逐渐步入正轨。人民法院比较系统地对人员开展管理,并从对人员奖惩、培训、遴选等制度开始探索。但总体而言,由于未从制度上进行明确规定,这一尝试基本上是初步的。

此时的法官素质实际情况与《法官法》规定的差距悬殊。主要表现在:

其一,法官整体的文化水平远不能达到《法官法》修订之前的大专学历。因法官选任制度根本不曾建立,缺乏严格的职业遴选标准,普通人成为法官不需要特殊资格考试。门槛未把关的结果是那些不具备法律知识背景甚至文化水平不高的人都能轻而易举地进入法官职业。法官文化水平欠佳导致法院将提高法院人员的学历水平作为目标。从20世纪80年代后期开始,随着中国社会普遍的学历热,法院采取了多种措施提高在职人员的学历,制定了相应的目标。例如,在1989年,最高人民法院的工作报告提出:"通过大专学历教育、本科学历教育、专业证书教育、大学后继续教育等多种方式、多种渠道的教育培训,预期到1995年,全国法院70%的干部,80%的审判人员,90%的正副院长将具有大专以上法律专业水平,并将培养出一批具有双学士学位和法学硕士、博士学位的法官。这

---

① 童平宇:《简论法官的业务素质》,《人民司法》1986年第1期。

将从整体上改变历史上形成的法院干部队伍文化、业务素质偏低的状况，为法官法的全面实施奠定基础。"为此，继创办全国法院干部业余法律大学之后，最高人民法院和国家教委联合成立中国高级法官培训中心，实行"法律（审判）专业证书"教育制度，有计划地开展岗位培训、岗前培训。

其二，法官整体法律知识不足以胜任审判要求。这一时期，虽不少人已认识到法院审判工作是专门工作，但因为缺乏制度上的保障，法官的专业素质并未真正落实。此时法院人员的来源主要为以下几类，即：大学生、复转或转业干部以及社会招干人员。其中相当数量的法官进入法院前根本没有法律基础知识与训练，进入法院后，经过简单的上岗培训就从事起审判工作，有些法官甚至是在从事审判工作后才开始学习法律，边干边学。1986 年举行全国律师统一考试，但法院人员却没有被要求必须经过这一资格考试。因为没有建立法官选任制度，导致法官在法律专业知识方面的素质无法保障。这一现象也引起了研究者的注意，1992 年胡健华、李汉成在《试论法官的素质及其保障——法院改革探讨之二》一文中指出，当时的立法对于法官的从业条件并不明确，在探讨了法官素质的具体要求之后，提出只有建立健全诸如法官培训等具体的管理体制才能保障上述要求实现的立法建议。1995 年《法官法》颁布之后，其中一些规定和作者的观点基本一致。

其三，此时法官制度上也没有对法官的法律工作经验的明确要求。这造成现实中并无任何法律工作经验的人成为法官，此情况还往往不属于个别。

其四，在职业道德方面，这一时期的法官基本是按照国家普通干部的道德要求选任，并不具有法官职业特有的职业要求。

以上是按照法官职业标准来考察法官素质的，从法官职业外部评价标准来看，法官素质经历了从被认为无问题到逐渐被认为有问题的过程。改革开放之初，整个社会对法官的评价并无太多的关注。但到了 20 世纪 80 年代中后期，社会开始广为流传的那句今日近乎人人皆知的"大盖帽，两头翘，吃了原告吃被告，原告被告都吃完，还说法制不健全"顺口溜。一些司法腐败案件也开始被媒体披露。普通民众与其他法律职业者对法官素质的不满对法院产生了影响，1992 年时任最高人民法院院长的任建新在工作报告中提出："人民法院严肃执法，关键是要全面提高审判人员的政治素质和业务素质。"法院主要关注法官的政治素质与业务素质的提高，对法官的道德素质尚不重视。

此时的法官素质问题的突出特征主要表现为：

其一，法院开始对法官素质重视从观念开始转为现实，法官专业素质特别是文化素质尤被重视。但由于缺乏法律规定与制度保障，这种重视往往表现在单纯追求法官的学历，而未对法官的法律知识与经验真正落实。

其二，普通民众与其他法律职业者逐渐对法官素质现状不满，尤其对法官道德素质状况开始进行负面评价，但法院并未对此及时回应，尚未对法官职业道德素质作出明确规定。

其三，普通民众、其他法律职业者以及法院（法官）此时逐渐认识到中国的法官素质出了问题，需要采取措施对其进行解决。此时，中国法官素质开始凸显为一个问题。

1995 年《法官法》颁布 5 年后，针对实施中的问题，2001 年 6 月第九届全国人民代表大会常务委员会第二十二次会议通过《关于修改〈中华人民共和国法官法〉的决定》，重新对这部法律进行了修订。《法官法》首要目的就是解决法官素质问题，这部法律出台亦反映此时法官素质的情况与过去不同，已出现问题并且程度相当严重，立法手段的使用在一定意义上就反映出这种严重性。《法官法》的内容很大一部分是针对实践中具体问题而规定的，修订也反映了现实情况出现了变化。因此，以《法官法》修订为界，中国法官素质发展情况又可分为两个阶段，即第一阶段（1995—2001 年），这是制定施行到修订前的 5 年；第二阶段（2001 年至今）这是修订后的 5 年。

在第一阶段，法官法第一次明确了选拔标准。在法律专业方面的要求，修改前的《法官法》第 9 条共分 2 款，第 1 款第 6 项规定明确的法官任职的专业条件：高等院校法律专业毕业或者高等院校非法律专业毕业具有法律专业知识，工作满二年的；或者获得法律专业学士学位，工作满一年的；获得法律专业硕士学位、法律专业博士学位的，可以不受上述工作年限的限制。第 2 款紧接着就上述规定补充：本法施行前的审判人员不具备前款第（六）项规定的条件的，应当接受培训，在规定的期限内达到本法规定的条件，具体办法由最高人民法院制定。这是新中国成立后首次从立法上明确法官选任的标准。具体而言，按照此条规定，中国法官的遴选标准是：必须具备法律专业知识，包括两方面，一是法律知识；二是工作经验①。但此时立法更为关注的是法律知识，如高学历，即硕士以上（包括硕士）学历在工作经验上可不做要求，表明立法者认为学历可以替代工作经验。②《法官法》还规定具体明确任职标准，即初任法官采用公开考试、严格考核的办法，按照德才兼备的标准，从具备法官条件的人员中择优提出人选。担任院长、副院长、审判委员会委员、庭长、副庭长，应当从具有实际工作经验的人员中择优提出人选。③

在职业道德素质方面，《法官法》规定"有良好的政治、业务素质和良好的品行"，这意味着法官不仅要有法律专业素质，而且要有良好的政治素质和道德素质。法官法明确规定法官品行不端的 13 条惩戒事由。④有研究者将这些失职行为概括为以下四点：一是政治上越轨；二是业务上失范；三是行为上谋私；四是工作上失察。⑤

1995 年《法官法》与之前相比，客观上无疑是一种进步，但有关法官素质规定仍是初步的，诸多方面仍存在缺漏，如在法官晋升方面并无明确的规定，不同等级的法官并无不同的专业素质要求。⑥ 这部法律规定在从纸面上落实到现实中，情形如何呢？答案并不理想。此法颁布后，中国法官素质状况最明显的变化是法官学历的迅速提高。这一时期，法院通过

---

① 在 2001 年修订时明确为"法律工作经验"。

② 在 2001 年修订时改为"高等院校法律专业本科毕业或者高等院校非法律专业本科毕业具有法律专业知识，从事法律工作满二年，其中担任高级人民法院、最高人民法院法官，应当从事法律工作满三年；获得法律专业硕士学位、博士学位或者非法律专业硕士学位、博士学位具有法律专业知识，从事法律工作满一年，其中担任高级人民法院、最高人民法院法官，应当从事法律工作满二年。"说明这一思路仍然延续，虽然学历不能完全取代工作经验，但仍然可以折抵工作经验。

③ 2001 年修订为"初任法官采用严格考核的办法，按照德才兼备的标准，从通过国家统一司法考试取得资格，并且具备法官条件的人员中择优提出人选。人民法院的院长、副院长应当从法官或者其他具备法官条件的人员中择优提出人选。"

④《中华人民共和国法官法》第 32 条：法官不得有下列行为：（一）散布有损国家声誉的言论，参加非法组织，参加旨在反对国家的集会、游行、示威等活动，参加罢工；（二）贪污受贿；（三）徇私枉法；（四）刑讯逼供；（五）隐瞒证据或者伪造证据；（六）泄露国家秘密或者审判工作秘密；（七）滥用职权，侵犯自然人、法人或者其他组织的合法权益；（八）玩忽职守，造成错案或者给当事人造成严重损失；（九）拖延办案，贻误工作；（十）利用职权为自己或者他人谋取私利；（十一）从事营利性的经营活动；（十二）私自会见当事人及其代理人，接受当事人及其代理人的请客送礼；（十三）其他违法乱纪的行为。

⑤ 马进保、易志华：《论对失职法官检察官的惩戒》，《河北法学》1999 年第 4 期。

⑥ 对法官法全面的解读以及相关法条存在的问题请参考张志铭《〈法官法〉与法官的职业化进程》，《法律适用》2005 年第 7 期，转引自"中国法理网"（http://www.jus.cn），最后访问日期：2006 年 10 月 18 日。

各种途径与方式帮助法官及其他法院工作人员提高学历。据报道，1998
年底，全国法院有法官及其他工作人员 30.3 万人，其中大专学历 17.58
万人，大学本科学历 52117 人，硕士、博士 1591 人。[①] "截至 2003 年 2 月
底，全国法院有法官及其他工作人员 29.87 万人，其中大专学历 15.94 万
人，大学本科学历 82764 人，增加 2 万余人，硕士、博士 3774 人，增加 2
千余人。这些可喜的变化是最高人民法院和各级人民法院近几年加强队伍
教育培训，大力推进法官职业化所取得的成果。"[②] 但有研究者对此提出
反驳："然而，在我国，对法官的要求是与法官等级、法院审级基本对应
起来的。对较高等级的法官作较高学历的任职规定，对基层法官的要求却
普遍较低。在笔者所在的省，1999 年法院对高等院校法律专业毕业生的
招考中，基层法院要求大专毕业即可，可高级人民法院却要求研究生方可
具报名资格。法官选任多重标准导致的后果是我国基层法官的素质较低。
拿南京市城区基层法官的现有情况来看，法律大专以上学历人员占总人数
的 71.6%，法律本科以上学历占总人数比例 21.3%。"[③]

法官虽在学历（文化素质）上提高明显，但法官素质问题却并无明
显改善。法律关于法官选任的规定在实践中并未得到严格遵守。立法上尽
管明确规定了法官任职条件，但不符合条件人被录用为法官的现象仍然屡
屡出现。这一问题严重引发了社会各界的广泛关注，有研究者认为"由
于历史的原因，我国的法制建设起步较晚，对法官职业的特殊性也缺乏足
够的认识，因而对法官的任职条件也不是太高，即使不太高的标准，有的
地方也没有严格遵守，以致出现一些素质很低的人混进了法官队伍。这些
低素质的人以法官的身份所干的那些违法乱纪的事情，严重地损害了法律
的尊严，败坏了法官的声誉。"[④] 山西两位研究者也指出"特别是近几年
来，法官队伍人数增长过快，其中有一些没有接受过系统的法律专业知
识、甚至纯粹就对法律一窍不通的人员通过各种正当或不正当渠道进入法
官队伍，而培训又没有及时跟上，这部分人思想、业务素质偏低，难以适
应新形势和新任务的要求，在有些法院是法盲司法，岂能不出偏差？如在

---

① 徐来:《推进法官职业化建设》,《法制日报》2003 年 3 月 13 日。

② 同上。

③ 凌霄:《中国需要什么样的基层法官——基层法官素质透视》,《山西高等学校社会科学
学报》2001 年第 1 期。

④ 《提高法官素质 维护司法公正》,《探索与求是》2000 年第 11 期。

我省某市，几年内市法院就陆续调入干部70多人，其中除4人符合组织程序外，其他都是本院院长通过非正当渠道调入的，而不少根本就不具备相应的法律知识，却照样直接充任法官，从事审判工作。"① 耐人寻味的是，该文发表不久山西省就出了全国闻名"三盲"法官姚晓红案件②，而此案日后成为人们谈论法官素质低的必举的例子。

在法官晋升方面，因《法官法》规定不明确，出现情况相同的法官候选人进入不同级别法院的不公平现象出现。研究者指出法官晋升不是自下而上择优选拔，而是一锤定终身，造成的恶果是：同等水平的大学毕业生，一个分到基层法院，一个分到最高法院，③ 分到基层法院的人无论工作怎么努力，也只能终生在基层法院圈子里转悠，而分到最高法院的尽管没办过一审、二审案子，却可以居高临下对基层法院的工作指手画脚，这不仅严重挫伤了基层法院法官工作的热情和积极性，也易使上级法院的法官养成脱离实际的官僚主义作风。④

这一时期社会上对法官素质评价否定倾向日益突出。首先，媒体关于法官腐败案件的报道明显增多，社会对法官素质整体状况产生强烈的怀疑。作为职业共同体的其他法律职业者也大多倾向于认为"法官素质低"，如有位律师认为："关于法官的业务素质，我也非常坦诚地说，社会公众的印象是不高的。"⑤ 当笔者开展研究之初，询问过不少法律界的同行，几乎难见异议，甚至身在法院的人员也并不否认法官素质低。有法学研究者认为："我国法官法规定：高等院校法律专业毕业或非法律专业毕业具有法律专业知识，工作满2年的，就具备当法官的资格。该法第12条还规定：初任审判员、助理审判员采用公开考试、严格考核的办法，按照德才兼备的标准，从具备法官条件的人员中择优提出人选。但是就现

---

① 赵国梁、马青红：《对提高我国法官队伍素质的几点思考》，《中共山西省委党校学报》1999年第3期。

② 媒体报道称姚晓红原来是一个"三盲"院长——集文盲、法盲和流氓于一身，令人吃惊。笔者将在后文对此案进行分析。

③ 实际上这一情况直到目前依然存在，笔者的两位学生，一位现在基层法院的派出法庭工作，一个现任职最高人民法院。而两位学生同为大学同学，同年考取同一所大学的硕士研究生，同年毕业。

④ 高晓凌：《从提高法官素质到提高法官地位》，《法律适用》1995年第6期。

⑤ 《提高法官素质　维护司法公正》，《探索与求是》2000年第11期。这是一个会议纪要，发言者马越平是河北冀华律师事务所主任。

在执行情况看，公开考试和考核都是由法院自己掌握和设计的。而自定标准、自我考核的做法就难以摆脱人际关系和其他因素的束缚，从而降低标准。本来我国法官的资格标准就不高，再加上这种应付差事式的考试方式和各种不规范的实践，我国法官的整体水平偏低以及其中大多数法官没有经历过正规的法律专业训练的现象也就没有什么奇怪的了。"① 法官素质问题的严重程度甚至引起决策者的关注，时任中共中央政治局常委的尉健行在一次法院系统会议中指出，目前法官队伍的整体素质是高的，是党和人民可以信赖的、特别能战斗的队伍。广大法官忠于职守、爱岗敬业、廉洁奉公、严肃执法、秉公办案，为保障改革、促进发展、维护稳定作出了突出贡献。但也不可否认，法官队伍中确实存在一些比较严重的问题，有相当一部分人素质不高，不能适应形势和任务发展的需要。最高人民法院召开这次全国法院教育培训工作会议是必要的，也是及时的。②

社会对法官素质的评价——"法官素质低"成为社会事实，不能不对法院工作方向产生巨大的影响。法院对此最明显的表现莫过于最高人民法院的工作报告及其近年来颁布的多部重要文件几乎都要谈及法官素质的现状与法院解决的决心与信心。例如，《法官法》颁布后的第二年的法院工作报告中用比以往明显加大的篇幅论及法官素质问题。时任最高人民法院院长的任建新在 1996 年报告中说："去年颁布施行的《中华人民共和国法官法》，是对现行法官制度的重大改革，对于保障法官履行职责，提高队伍的整体素质，实现对法官的科学化、法制化管理，具有重要的意义。""针对法官队伍的专业结构、业务素质与法官法的要求还有差距的情况，各地法院普遍加强了对法官的教育培训工作。""人民法院的审判工作虽然取得了很大成绩，但也存在一些缺点和问题。主要是：有些法官的素质还不能适应形势发展的需要"；"今后一个时期，人民法院要坚持以邓小平同志建设有中国特色社会主义理论为指导，坚持党在社会主义初级阶段的基本路线和'抓住机遇，深化改革，扩大开放，促进发展，保持稳定'的基本方针，全面推进各项审判工作，坚持严肃执法，提高队伍整体素质，改善执法条件，进一步加强法院的自身改革和建设，充分发

---

① 王晨光：《保障法官素质的标准和方法：法官资格考核与培训》，《法律科学》2001 年第 5 期。

② 朱冬菊：《尉健行在全国法院教育培训工作会议上强调提高法官素质确保司法公正》，《经济日报》2000 年 9 月 17 日。

挥审判职能作用，为'九五'计划和 2010 年远景目标的实现提供有力的司法保障"；"坚持全心全意为人民服务的宗旨，全面提高法官队伍素质。树立公正无私、廉洁勤奋、文明执法的职业道德，造就一支政治坚定、业务精通、经验丰富、作风优良的跨世纪的法官队伍"；"全体法官和法院工作人员都要认真学习马列主义、毛泽东思想，学习邓小平同志建设有中国特色社会主义理论，不断提高自己的政治素质"。报告内容无疑反映出法官素质从各方面都已经不适应社会发展的要求，而这甚至已危及法院全局工作，这一问题的严重性迫使法院不得不采取各种措施力图解决之。

2001 年 6 月《中华人民共和国法官法》修订之后，在 2002 年 1 月 1 日生效施行。这部法律的修订是在总结实践中所发现的问题基础上进行的。在专业素质方面，此次修订重大变化之一是提高法官准入"门槛"，主要体现在两个方面：

其一，提高法官法律知识方面要求，主要表现为：一是学历要求的提高。修订前的规定为："高等院校法律专业毕业或者高等院校非法律专业毕业具有法律专业知识"，"或者获得法律专业学士学位"，"获得法律专业硕士学位、法律专业博士学位的"；修改后的规定为"高等院校法律专业本科毕业或者高等院校非法律专业本科毕业具有法律专业知识"、"获得法律专业硕士学位、博士学位或者非法律专业硕士学位、博士学位具有法律专业知识"。修订后将专科学历排除在外。凡是希望成为法官的人，至少接受过大学本科及本科以上的教育，同时必须具备法律知识。二是为保证法官法律专业知识，修订后的《法官法》还要求法官候选人必须通过统一司法考试。修订后，《法官法》规定：初任法官采用严格考核的办法，按照德才兼备的标准，从通过国家统一司法考试取得资格，并且具备法官条件的人员中择优提出人选。但考虑到实际情况，《法官法》对上述法律知识的要求也做了一些变通，如第 9 条规定：本法施行前的审判人员不具备前款第（六）项规定的条件的，应当接受培训，具体办法由最高人民法院制定。适用第一款第（六）项规定的学历条件确有困难的地方，经最高人民法院审核确定，在一定期限内，可以将担任法官的学历条件放宽为高等院校法律专业专科毕业。

其二，加强了法律工作经验的要求，明确要求从事法官职业的人必须具备相应法律工作经验。工作经验最明显的体现就是资历。修订后规定，高等院校法律专业本科毕业或者高等院校非法律专业本科毕业具有法律专业知识从事法律工作满二年，同时增加了"其中担任高级人民法院、最高人民法院法官，应当从事法律工作满三年"；"获得法律专业硕士学位、博士学位或者非法律专业硕士学位、博士学位具有法律专业知识，从事法律工作满一年，其中担任高级人民法院、最高人民法院法官，应当从事法律工作满二年"，而此前的规定却是获得法律专业博士学位的人可以不受工作年限的限制直接被任命为法官。此规定的修订表明，立法机关已明确认识到法律工作经验是选任法官必须考虑的要素，同时也已认识到不同级别法院法官素质要求并不完全相同，为此对不同等级的法官在学历与工作经验的要求作出了初步区分。尽管《法官法》修订后弥补了诸多不足，但仍有进一步完善的余地，如规定人民法院的院长、副院长应当从法官或者其他具备法官条件的人员中择优提出人选。这意味着法院院长、副院长仍可不通过统一司法考试。

以上是纸面法（law in the paper）意义上的法官素质的规定，在行动法层面上（law in action）的法官素质情况却并非如此。

法律专业素质首先包括文化知识方面。如果学历可以代表文化水平，则这一阶段中国法官文化水平方面有了极大提高。根据《人民日报》的报道："全国法官中具有大学本科以上学历的，从 1 万余人增至 9 万余人，占法官总数的比例从 6.9% 提高到 51.6%。"[1] 但从这一统计看不出具体学历中法律专业学历的比例。法官专业素质还包括法律经验，法官资历可体现经验。法律虽规定，但并未完全落实。最高人民法院虽建立了国家法官学院，但这一原本定位为培训在职法官业务的机构却在实践中一度成为法院人员获得学历之处。研究者对此提出了严厉批评。《法官法》第 25 条规定："国家法官学院和其他法官培训机构按照有关规定承担培训法官的任务。"根据此条规定，国家法官学院主要应当承担培训法官的任务。但就目前而言，国家法官学院既承担培训法官的任务，又进行诸如自学考试等形式的学历教育，反映出国家对国家法官学院教育模式的定位尚不清晰。如果再把国家法官学院办成和普通大学法律院系同样的模式，那么国家法官学院是否有存在的必要就是值得研究的问题。国家法官学院应该如何定位，应引起决策者们的高度重视。笔者认为，国家设立国家法官学院

---

① 吴兢：《法官法检察官法实施十年我国法官检察官整体素质不断提高》，《人民日报》2005 年 7 月 17 日。

应当完全不同于普通高等院校。首先，它不应当从事一般的法学学历教育，一般的法学学历教育是普通高等院校的任务，它是为有志于日后从事社会工作和法律职业的青年人提供的一种法律基础教育。顾名思义，国家法官学院是培养法官的，培养法官应当是一项非常职业化的教育。这两种教育不论在教育思想、教育对象上还是在教学内容、教育方法、教学手段上都有其各自不同的内在规律，不能混为一谈，否则就不应当叫国家法官学院。其次，国家法官学院也不应当把主要任务定位在一般意义上的法官培训。①

在职业道德素质方面，这一时期法院也明显加强了要求。除了《法官法》相关规定之外，最高人民法院先后颁布了多部法律文件对法官职业道德进行规范，主要包括：2001年10月18日《中华人民共和国法官职业道德基本准则》；同年11月6日，最高人民法院颁布《地方各级人民法院及专门人民法院院长、副院长引咎辞职规定（试行）》；2002年7月25日颁布《关于加强法官队伍职业化建设的若干意见》；同年9月26日颁布《人民法院执行工作纪律处分办法（试行）》；2003年6月10日最高人民法院发布《关于严格执行〈中华人民共和国法官法〉有关惩戒制度的若干规定》。从2005年下半年起，法院系统开展了"维护司法公正，规范司法行为"的活动。虽然一系列相关规定相继出台，但落实得并不理想。

这一时期，社会对法官素质问题相当关注。主要表现在：一是媒体的相关报道非常多，尤其是关于法官腐败的报道特别多。二是相关的研究增多，学术文章研究增多。1996年到2002年，学术关注不断攀升。这一阶段的特点是每年都有法官素质问题的文章发表，没有出现像上一个阶段那样中间年份存在中断的情况。

#### 四　二元视角下的一个悖论

中国法官素质的三个历史阶段情况各有不同，但如果将其作为整体观察则会发现一个令人困惑的现象：

以法官职业标准为视角，就法官素质的内容本身而言，有以下几个特点：第一，从革命根据地开始，经过边区时期，新中国成立初期直至改革

---

① 李汉昌：《司法制度改革背景下法官素质与法官教育之透视》，《中国法学》2000年第1期。

开放前期，法官素质中的文化知识被高度重视，专业知识与经验几乎都受到忽视。这一情况直到改革开放后期才逐步得以改变，最终体现为《法官法》的颁布。通过考察，可知直到今日法定标准也未完全落实。第二，所有时期法官政治素质一直被作为选拔法官的最重要甚至唯一的要求。第三，法官的职业道德素质改革开放之前几乎不被要求，只是到改革开放以后尤其是《法官法》颁布后才日益受到重视。因此，以法官职业标准衡量中国法官素质的历史与现实情况，均不理想，需要改善。

以法官职业外部评价标准为视角，法官（审判人员）在解放前、解放初期乃至20世纪80年代中期这段占中国法官素质历史发展的大半时间里，社会大众基本未对其作出负面评价，"法官素质低"这一认识也仅仅是在20世纪80年代后期出现的。换言之，中国法官素质的状况在上述历史过程中（从1927年起至今共计80多年）的绝大部分时间（截至20世纪80年代中期约有60年）不成问题。这也意味着中国法官素质问题出现的时间并不长，仅仅不到20年。

因此，以二元标准为衡量标准，各自对中国法官素质的历史发展与现实情况所作出判断并不一致，甚至截然相反。这便出现了一个现象中的悖论，法官素质问题究竟应当如何理解？下章将对此作出分析。

# 第四章

# 当代中国法官素质问题探析

通过上章考察，以法官素质是否成为问题为界，中国法官素质发展的近 80 年（1927—2006 年）历史可被划为两大时期：第一时期自革命根据地起至 20 世纪 80 年代后期；第二时期始于 20 世纪 80 年代后期至今。前者几乎达到 60 余年，后者不过 10 余年。但是，在第一时期如此长久的时间里，中国法官素质的实际情况，以法官职业标准的判断是不尽如人意的；但以法官职业外部评价标准的判断却是：法官素质不成问题。换言之，二元标准的结论并不一致。第二时期虽短暂，但法官素质却发展成为中国社会的问题。具体而言，以法官职业标准视角来看，至少法官文化、专业素质有了长足发展；但以法官职业外部评价标准视角来看却是法官素质出了问题，"法官素质低"已是社会现实。

那么，我们不禁要问，中国法官素质为何在时间跨度如此大的第一时期不是问题，却在短短十几年中转为社会焦点？二元标准视角下为何会得出令人困惑的结论？这一看似悖论的现象究竟是如何形成的？本章将对上述问题进行研究。

## 第一节　影响法官素质变化的外在因素

在过去短短不到 20 年的历史中，中国法官素质问题成为社会关注的焦点。[①] 自从改革开放以来，中国社会逐渐进入快速转型期，变迁引发了包括经济、政治、文化等社会全方位的变化。中国法官在近 20 年面临了诸多客观情况的变化：从外部而言，社会变迁引发的社会纠纷增多案件数

---

① 范愉：《非诉讼纠纷解决机制研究》，中国人民大学出版社 2000 年版，第 460 页。

量上升，立法又以前所未有的速度发展起来；从内部而言，法院为适应上述客观情况的变化，不断进行法院体制、审判方式乃至人事等方面的改革。因此，法官素质问题的出现与社会变迁具有密不可分的联系，甚至可以说，社会变迁是法官素质凸显为问题的根本原因。

### 一　社会变迁带来的案件与立法变化

改革开放以来，中国社会发生了不同以往的巨大变化，社会处于转型时期。在这个过程中，社会矛盾急剧增加，以往可通过非诉讼方式解决的矛盾，因为纠纷解决机制的弱化乃至失灵，纷纷涌入法院。纠纷增多以及社会生活复杂导致各类法律尤其经济法律如雨后春笋般被制定出来，中国法官面临前所未有的审判形势与压力。与前一时期相比，客观情况的变化对法官素质提出的新要求，主要包括如下方面：

第一方面，纠纷增多、诉讼案件数量与类型的增多。社会纠纷的大量增加可从案件数量窥得一斑。具体而言，审判工作总量是指全国法院在一年所完成的审判工作的总和。

1. 案件总数及其不同审判阶段案件的比例①

表4－1　　改革开放以来案件总数及其不同审判阶段案件的比例　　单位：件;%

| 年份 | 一审收案 | 一审案件所占比例 | 二审收案 | 二审案件所占比例 | 再审收案 | 再审案件所占比例 | 案件总数 |
|---|---|---|---|---|---|---|---|
| 1978 | 447755 | 73.01 | 22268 | 3.63 | 143249 | 23.36 | 613272 |
| 1979 | 513789 | 28.49 | 47187 | 2.62 | 1242205 | 68.89 | 1803181 |
| 1980 | 763535 | 65.33 | 77566 | 6.64 | 327614 | 28.03 | 1168715 |
| 1981 | 906051 | 76.82 | 87550 | 7.42 | 185787 | 15.75 | 1179388 |
| 1982 | 1024160 | 80.58 | 101138 | 7.96 | 145669 | 11.46 | 1270967 |

---

①　本章图表中的统计资料主要来源于下列文献：1. 历年的《中国统计年鉴》；2. 历年的《中国法律年鉴》；3. 历年的《中国人口统计年鉴》；4. 历年的《人民法院年鉴》；5. 何兰阶、鲁明健主编：《当代中国的审判工作》（上下册），当代中国出版社1993年版；6. 最高人民法院历年的《工作报告》；7. 中华人民共和国国务院新闻办公室（政府白皮书）：《中国的民主政治建设》，2005年10月。

续表

| 年份 | 一审收案 | 一审案件所占比例 | 二审收案 | 二审案件所占比例 | 再审收案 | 再审案件所占比例 | 案件总数 |
|---|---|---|---|---|---|---|---|
| 1983 | 1343164 | 81.96 | 126130 | 7.70 | 169519 | 10.34 | 1638813 |
| 1984 | 1355460 | 82.78 | 133938 | 8.18 | 147958 | 9.04 | 1637356 |
| 1985 | 1319741 | 79.71 | 106940 | 6.46 | 229031 | 13.83 | 1655712 |
| 1986 | 1611282 | 72.37 | 125362 | 5.63 | 489883 | 22.00 | 2226527 |
| 1987 | 1875229 | 77.56 | 146665 | 6.07 | 395990 | 16.38 | 2417884 |
| 1988 | 2290624 | 89.35 | 160660 | 6.27 | 112368 | 4.38 | 2563652 |
| 1989 | 2913515 | 90.78 | 196077 | 6.11 | 99821 | 3.11 | 3209413 |
| 1990 | 2916774 | 90.82 | 213000 | 6.63 | 81984 | 2.55 | 3211758 |
| 1991 | 2901685 | 90.26 | 229690 | 7.14 | 83573 | 2.60 | 3214948 |
| 1992 | 3051157 | 90.67 | 231907 | 6.89 | 81926 | 2.43 | 3364990 |
| 1993 | 3414845 | 92.30 | 215408 | 5.82 | 69531 | 1.88 | 3699784 |
| 1994 | 3955475 | 92.83 | 241129 | 5.66 | 64377 | 1.51 | 4260981 |
| 1995 | 4545676 | 92.97 | 272792 | 5.58 | 70885 | 1.45 | 4889353 |
| 1996 | 5312580 | 93.00 | 323995 | 5.67 | 76094 | 1.33 | 5712669 |
| 1997 | 5288379 | 92.41 | 347651 | 6.08 | 86425 | 1.51 | 5722455 |
| 1998 | 5410798 | 92.01 | 380274 | 6.47 | 89687 | 1.53 | 5880759 |
| 1999 | 5692434 | 91.38 | 438313 | 7.04 | 98765 | 1.59 | 6229512 |
| 2000 | 5356294 | 90.50 | 466827 | 7.89 | 95290 | 1.61 | 5918411 |
| 2001 | 5344934 | 90.04 | 497858 | 8.39 | 93576 | 1.58 | 5936368 |
| 2002 | 5132199 | 90.58 | 479608 | 8.46 | 54159 | 0.96 | 5665966 |
| 2003 | 5130760 | 90.39 | 494036 | 8.70 | 51617 | 0.91 | 5676413 |
| 2004 | 5072881 | 90.18 | 501929 | 8.92 | 50500 | 0.90 | 5625310 |
| 平均 | | 88.07 | | | | | |

（件）

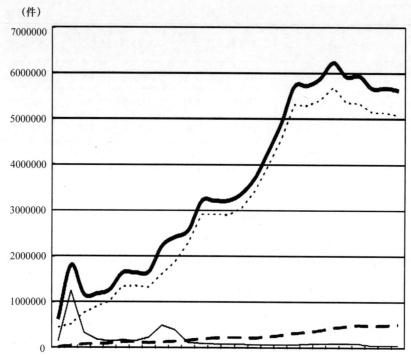

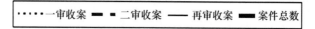

······ 一审收案　▬ ▬ 二审收案　—— 再审收案　▬▬▬ 案件总数

图4-1　1978—2004年案件总数及其不同阶段案件的构成

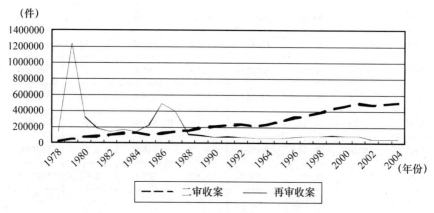

图4-2　1978—2004年二审案件和再审案件数量

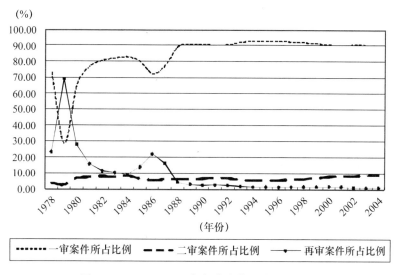

(%)

**图 4 - 3　1978—2004 年各类案件所占比例变化**

考察历年来案件的总数及其构成比例，可以发现：

首先，从案件数量上有以下特征：

第一，在 1978—1999 年间，案件总数总体上呈增长趋势，平均年增长率为 11.7%；1999—2004 年间，案件总数总体上呈增长趋势，平均每年增长 2.0%；就 1978—2004 年间的这时期来看，案件总数呈上升趋势，平均年增长率 9.0%。

第二，在全国法院的审判工作中，除了改革开放初期的两年外，一审案件占有绝大多数的比例，在 27 年中，一审案件平均占 88.1%。而一审案件主要由基层法院受理，这个比例说明，基层法院承担了绝大部分的审判任务。

第三，如图 4 - 3 所示，在案件的构成中，1988 年以前各类案件的比例波动比较大。其中，再审案件分别在 1979 年和 1986 年两次占有很大比例，成为影响案件构成的主要因素。究其原因，1979 年的大比例原因在于改革开放初期拨乱反正的政策导致有大量的刑事再审案件；1986 年的大比例在于严打导致了大量刑事再审案件。1988 年以后，各类案件的比例虽然有变化，但是呈现为平缓的、规律性较强的变化。其中，再审案件呈逐年下降的趋势；二审案件的比例总体上比较稳定，但是在 1996 年以后，有平缓上升的趋势。

其次，从案件总数及其不同性质案件①构成有如下特征：

第一，从绝对数字上看，在三类案件中，民事案件在1978—1999年间呈快速增长的趋势，是案件总数增长的主要来源；1999年以后，民事案件开始平缓下降。总体上来看，刑事案件的规模虽然有波动，但相对比较稳定。行政案件在1987—1999年间增长较快，但在1999年以后，增长变缓，保持相对稳定的态势。

第二，从相对数字上看，在1987年以前，案件只有刑事案件和民事案件两种类型，两种案件各自所占的比例波动较大，但总体上说，刑事案件的比例呈下降趋势，民事案件的比例呈上升趋势。1987年以后，统计上有三种案件类型，即刑事案件、民事案件和行政案件。其中，行政案件的比例逐年上升，最后稳定在2%左右，但是，总体而言，行政案件所占比例很小，最高时也只有2.17%。刑事案件和民事案件的比例不再大幅度波动，刑事案件的比例稳定在12%左右，民事案件的比例稳定在86%左右。这个比例构成也说明，在改革开放以后的新历史时期，从工作量上来说，民事案件成为法院审判工作最主要的任务。

表4－2　　　　　　　　　　案件总数及其不同性质案件的比例

| 年份 | 刑事案件 | 刑事案件所占比例（％） | 民事案件 | 民事案件所占比例（％） | 行政案件 | 行政案件所占比例（‰） | 案件总数 |
|---|---|---|---|---|---|---|---|
| 1978 | 294942 | 48.1 | 318330 | 51.9 | | | 613272 |
| 1979 | 1382973 | 76.7 | 420208 | 23.3 | | | 1803181 |
| 1980 | 557179 | 47.7 | 611536 | 52.3 | | | 1168715 |
| 1981 | 453448 | 38.4 | 725940 | 61.6 | | | 1179388 |
| 1982 | 426501 | 33.6 | 844466 | 66.4 | | | 1270967 |
| 1983 | 768391 | 46.9 | 869895 | 53.1 | | | 1638286 |
| 1984 | 641920 | 39.2 | 994453 | 60.8 | | | 1636373 |
| 1985 | 502377 | 30.4 | 1152419 | 69.6 | | | 1654796 |

---

① 不同性质的案件是指民事案件、刑事案件和行政案件。

续表

| 年份 | 刑事案件 | 刑事案件所占比例（%） | 民事案件 | 民事案件所占比例（%） | 行政案件 | 行政案件所占比例（‰） | 案件总数 |
|---|---|---|---|---|---|---|---|
| 1986 | 811320 | 36.6 | 1403075 | 63.4 | | | 2214395 |
| 1987 | 720328 | 29.8 | 1690609 | 69.9 | 6247 | 2.6 | 2417184 |
| 1988 | 454778 | 17.7 | 2097456 | 81.8 | 11418 | 4.5 | 2563652 |
| 1989 | 517859 | 16.1 | 2678148 | 83.4 | 13406 | 4.2 | 3209413 |
| 1990 | 568760 | 17.7 | 2625959 | 81.8 | 17039 | 5.3 | 3211758 |
| 1991 | 528829 | 16.4 | 2652341 | 82.5 | 33778 | 10.5 | 3214948 |
| 1992 | 516970 | 15.4 | 2811573 | 83.6 | 36447 | 10.8 | 3364990 |
| 1993 | 479829 | 13.0 | 3183464 | 86.0 | 36491 | 9.9 | 3699784 |
| 1994 | 559284 | 13.1 | 3657570 | 85.8 | 44127 | 10.4 | 4260981 |
| 1995 | 570190 | 11.7 | 4255245 | 87.0 | 63918 | 13.1 | 4889353 |
| 1996 | 706133 | 12.4 | 4913231 | 86.0 | 93305 | 16.3 | 5712669 |
| 1997 | 520402 | 9.1 | 5096512 | 89.1 | 105541 | 18.4 | 5722455 |
| 1998 | 565941 | 9.6 | 5199706 | 88.4 | 115112 | 19.6 | 5880759 |
| 1999 | 630538 | 10.1 | 5480178 | 88.0 | 118796 | 19.1 | 6229512 |
| 2000 | 656788 | 11.1 | 5153374 | 87.1 | 108249 | 18.3 | 5918411 |
| 2001 | 735864 | 12.4 | 5074080 | 85.5 | 126424 | 21.3 | 5936368 |
| 2002 | 725767 | 12.8 | 4830000 | 85.2 | 110199 | 19.4 | 5665966 |
| 2003 | 733817 | 12.9 | 4827710 | 85.0 | 114886 | 20.2 | 5676413 |
| 2004 | 746789 | 13.3 | 4756563 | 84.6 | 121958 | 21.7 | 5625310 |

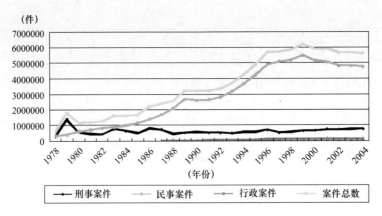

图4-4   案件总数及其不同性质案件的构成

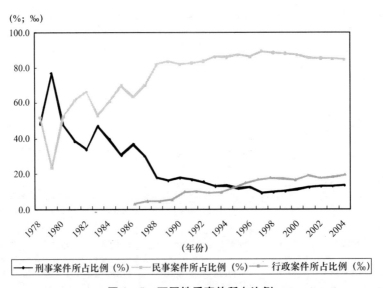

图4-5   不同性质案件所占比例

除案件数量的变化外,案件类型也发生了重大变化:

在改革开放初期,案件主要有两种类型,一种是刑事案件,一种是民事案件。这一点也体现在当年的司法解释中。当时的民事案件主要是指公民个人之间的婚姻家庭案件、损害赔偿案件、房屋纠纷案件和继承纠纷案件等几种类型。由于当时主要实行高度集中的计划经济,所以正如彭真委员长所指出的,"许多属于全民和全民、全民和集体、集体和集体、全民、集体和个人之间的纠纷，特别是经济纠纷，主要由行政机关处理，很少提到法院判决"。①
但是，随着我国经济、政治、法律等方面的改革逐步推进，这种情形逐步发
生变化。改革开放以来，国家加强了行政立法。越来越多的行政法规定，当
事人不服行政机关行政处分决定的经济行政案件，可以向人民法院起诉，这
就是最早的行政诉讼案件。行政诉讼案件情况复杂，涉及面广，从 1983 年起，
陆续有不少关于环境保护、食品卫生、税务、商标等方面的行政案件起诉到
人民法院。② 从 1989 年起，各级人民法院陆续设立行政审判庭。最高人民法
院决定，对经济行政案件，除属于专利、商标行政案件仍由经济审判庭审理
外，均划归行政审判庭受理。1989 年版的《中国法律年鉴》将行政案件单独
统计公布；1989 年 4 月，《行政诉讼法》颁布，这些事件表明，行政案件已经
发展为和刑事、民事、经济案件并列的第四类案件。鉴于一些民事经济案件
的特殊性，法院系统设置了专门的机构进行审理，如海事海商、铁路运输、
航空运输和公路运输等案件类型。

关于 1978—2004 年全国法院一审收案及其构成，可以总结出如下
几点：

第一，民事案件所占的比例最大，最少时的 1978 年占 67.2%；最高
时的 1997 年占 90%。在 1978—1997 年间，民事收案所占比例呈逐年增长
之势；1998 年之后，民事收案所占比例平缓下降；但是直到 2004 年，仍
然维持较高水平，占 85.4%。

第二，刑事案件所占比例总体上小于民事案件。所占比例最高时达到
1983 年的 40.4%；最低时为 1997 年的 8.3%。从总体上看，刑事收案所占比
例的变化趋势和民事案件相反，即：在 1997 年之前，刑事案件所占比例总体
上看有下降的趋势；1998 年之后，则有上升的趋势，但是上升比较平缓。

第三，相对来说，行政案件产生晚，所占比例非常小，即使是比例最大
时的 2001 年，也只占 1.89%。从变化上看，自从 1987 年以来，行政案件所占
的比例就开始逐年增长，到 1998 年达到 1.82%，随后几年小幅度的上下波动。

第四，由于 1998 年以后，三种案件无论在各自的绝对数量，还是相
对的比例，总体上都保持相对稳定的水平，所以可以预测，这种水平将在

---

① 《中华人民共和国第五届全国人民代表大会第三次会议文件》，人民出版社 1980 年版，第
59 页。

② 何兰阶、鲁明健主编：《当代中国的审判工作》（上），当代中国出版社 1993 年版，第 296 页。

今后较长时期保持,或者仅有微幅的波动,那就是,民事案件占 86.0% 左右,刑事案件占到 12% 左右,行政案件保持在 2% 以下。

法官面临的第二个方面客观情况的变化即是立法增多。"文革"结束后,党和国家感到最为迫切的任务之一就是恢复法制。经过 20 多年的发展,"法治"取代了"法制",建设社会主义的法治国家已经成为中国社会的共识。其中,立法的发展在很大程度上反映了这一情况。从中央到地方都制定了不少法律、法规、规章等等,近年来人们从直观上也能感到法律文件的增多,几乎过一段时间就会有一些新法律法规出台。据统计,到 2002 年底,制定、修改的法律约 400 个,行政法规近千个,地方性法规近万个,行政规章则有 30000 多个。① 对于地方性法规究竟发展得怎么样,目前的研究已有很多而且非常全面。②

新中国成立已经 60 多年了,在这 60 多年里,整个立法的发展状况正如周旺生教授所指出的那样:"中国立法走过一条屡经变故,从肯定到否定再到否定之否定的道路。其间忽兴忽废,大起大落,直到最近 20 年才迎来转折走向稳定发展的新时期。"③

周旺生教授认为,新中国的立法历史具体可以分为下面几个阶段:

第一阶段(1949—1956 年),在此阶段,《中央人民政府组织法》的通过,从法律上确定了新政权的地位。《共同纲领》虽然不是宪法,但在那时起了临时宪法的作用,它宣布废除一切压迫人民的法律、法令,制定保护人民的法律、法令。1954 年召开的一届全国人大一次会议通过了《宪法》和多个重要的宪法性法律文件,包括:《全国人大组织法》、《国务院组织法》、《地方组织法》、《法院组织法》、《检察院组织法》。此阶段中央和地方的关系正如周旺生教授所指出的:"中国立法体制经历了由中央与地方相当分权发展到由中央高度集权的变化过程;对地方立法来说,则经历了兴废起伏的过程。"④ 在第一届全国人大召开之前,中央与地方实行的是相当分权的体制。政协全体会议代行全国人大职权,制定

---

① 周旺生编写:《中国立法制度》,载"中国网"(http://www.china.org.cn/chinese/zhuanti/283834.htm),最后访问时间:2004 年 12 月 8 日。

② 参见刘海亮主编《中国地方法制建设》,中国民主法制出版社 1996 年版。

③ 周旺生编写:《中国立法制度》,载"中国网"(http://www.china.org.cn/chinese/zhuanti/283834.htm),最后访问时间:2004 年 12 月 8 日。

④ 同上。

《中央人民政府组织法》。政务院制定和颁布了规范性文件并且还批准了许多地方性法令条例或法规。在地方，当时还实行了大行政区制度，所以大行政区、省、市、县的政府都可以拟定法令条例或单行法规，甚至最基层的民族自治乡以上，各级民族自治机关都有权制定单行法规。立法制度方面正如周旺生教授所指出的那样，"这一阶段不仅存在开始时分权过甚、后来又集权过甚的问题，而且中央与地方各自立法权限范围及中央各立法主体之间立法权限范围不明，失职和越权问题都明显存在"。①

第二阶段（1957—1978 年），这一时期是新中国立法遭受重大挫折的阶段。因为"文革"等种种历史原因，这一时期国家的政治生活很不稳定，所以国家立法和地方立法基本上处于停滞状态。全国人大这唯一享有国家立法权的机构，除通过 1975 年宪法外，再未制定过一部法律。享有法令制定权和单行法规制定权的全国人大常委会自行通过的条例、办法也不多。在地方除民族自治地方外，其他地方均无立法权。

第三阶段（1978—现在），十一届三中全会确立党和国家的中心任务为经济建设，开启了民主法制的新局面。1979 年之后，中国的地方立法的法律依据就是《地方组织法》、《宪法》和《立法法》，可以说这三部法律对我国的地方的立法历史和经验做了总结。从立法权限划分而言立法体制渐趋完善。1979 年《中华人民共和国地方各级人民代表大会和地方各级人民政府组织法》（以下简称《地方组织法》）规定，省级人大及其常委会享有地方性法规制定权。1982 年宪法确定全国人大及其常委会共同行使国家立法权，国务院制定行政法规，国务院所属部委发布规章，民族自治地方制定自治条例和单行条例。之后，《地方组织法》分别在 1982 年和 1986 年经过两次修改，把地方性法规的制定权逐渐扩大到省级政府所在地的市和经国务院批准的较大的市人大及其常委会，并规定同级政府可以制定规章。其间全国人大及其常委会还多次授权国务院和有关地方制定单行法规。1997 年、1999 年香港和澳门相继回归祖国，又增加了地方立法的新的组成部分。2000 年 3 月《立法法》的通过，从而系统、集中地对上述制度进行了确认。周旺生教授对此总结道："这样，在现时期中国，形成了一个由国家立法权、行政法规立法权、地方性法规立法权、自治条例和单行条例立法权、

---

① 周旺生编写：《中国立法制度》，载"中国网"（http：//www.china.org.cn/chinese/zhuanti/283834.htm），最后访问时间：2004 年 12 月 8 日。

规章立法权、授权立法权、特别行政区立法权所构成的，一个较先前体制有重大发展的新的立法权限划分体制。这是一个中央统一领导和一定程度分权的，多级并存多类结合的立法权限划分体制。"①

## 二　法院改革

案件类型与立法数量的增加，对法院不可能不产生影响。实际上，从改革开放之初，法院就开始进行管理体制、审判机构与人事组织制度等方面的改革。具体到法院审判机构的改革，情况为:

20 世纪 90 年代以来，在最高人民法院的部署和领导下，全国法院开始了以三个分立为内容的审判机构改革，在机构改革的基础上，同时推动审判方式的转变。立审分立，设立专门的立案庭或者告申庭。所谓立审分立，就是立案和审判分开，防止审判人员先入为主的偏见影响案件裁判。具体做法是立案工作由专门机构负责，可以设在告诉申诉审判庭内;不设告诉申诉审判庭的，可以单独设立立案庭。② 最高人民法院于 1987 年设立告申庭，并开始在全国探索和试行立审分立。对试点工作进行评估后，最高人民法院 1993 年提出在全国法院系统试行立审分开。截至 1997 年，全国已有 18 个高级法院、331 个中级法院、2728 个基层法院实行了立审分开。将原有的告诉申诉审判庭分设为立案庭和审判监督庭，或将立案室设在告诉申诉审判庭或审判监督庭内。立审分开的格局已基本形成。从 1997 年开始，最高人民法院又开始立案工作的规范和发展工作，制定下发了《立案工作的暂行规定》。截至 2003 年 10 月，立案工作实现了下列成就:一是立审分立的格局已基本形成。全国成立立案庭的法院已超过 95%，北京、山东等五个省市已达 100%。立案法官和工作人员总数 23400 人，占全国法官和工作人员总数的 7.45%。二是全国已有 253 个中级人民法院、2454 个基层人民法院建立了立案大厅，立案工作实现了专门化，有效地解决了群众告状难问题，切实保护了当事人的诉讼权。三是

---

① 周旺生编写:《中国立法制度》，载"中国网"（http://www.china.org.cn/chinese/zhuanti/283834.htm），最后访问时间:2004 年 12 月 8 日。

② 在最高人民法院，则是设立了立案庭，其职责是:（1）对最高人民法院办理的各类案件进行立案;（2）审查处理各类申诉;（3）处理非诉来信、采访;（4）审理管辖争议案件;（5）处理司法救助申请事宜;（6）对最高人民法院审理的各类案件进行审限流程管理。地方各级人民法院和专门人民法院的立案机构的职责，根据参照最高人民法院，结合本法院的工作实际情况确定。

审判工作流程管理制度推行，全国已有 268 个中级人民法院和 2631 个基层人民法院实行审判工作流程管理制度，利用科技手段，对案件进行统一、集中和有效的跟踪管理。四是认真处理了人民群众的来信来访，逐步完善信访工作机制，维护了社会稳定。[①]

## 第二节　当代中国法官制度与法官素质

中国社会的变迁不仅影响到法院审判方式、人事制度等方面的变化，也影响到法官制度的变化。前面已经讨论，一国法官制度对法官素质影响最为直接，本节将从法官遴选制度、培训制度、惩戒制度与身份保障制度方面对中国法官素质情况进行分析。

### 一　法官遴选制度与法官素质

中国法官遴选制度尚不完善，尚未真正从源头上杜绝不符合素质标准的人成为法官。在初任法官的选拔方面，1995 年《法官法》颁布前，制度上并无明确专业素质规定，法官与其他行政机关的人员并无本质区别。

《法官法》明确规定法官选任条件：（1）具有中华人民共和国国籍；（2）年满二十三岁；（3）拥护中华人民共和国宪法；（4）有良好的政治、业务素质和良好的品行；（5）身体健康；（6）高等院校法律专业本科毕业或者高等院校非法律专业本科毕业具有法律专业知识，从事法律工作满二年，其中担任高级人民法院、最高人民法院法官，应当从事法律工作满三年；获得法律专业硕士学位、博士学位或者非法律专业硕士学位、博士学位具有法律专业知识，从事法律工作满一年，其中担任高级人民法院、最高人民法院法官，应当从事法律工作满二年。对其施行前不具备上述第 6 项规定的条件的审判人员，《法官法》规定应当接受培训。

为落实《法官法》第 9 条第 3 款关于"适用第一款第六项规定的学历条件确有困难的地方，经最高人民法院审核确定，在一定期限内，可以将担任法官的学历条件放宽为高等院校法律专业专科毕业"的规定，2002 年 1 月 18 日，最高人民法院与最高人民检察院联合颁布了《最高人民法院、最高人民

---

① 参见《中国法律年鉴》1998 年、2003 年，以及何兰阶、鲁明健主编《当代中国的审判工作》，当代中国出版社 1993 年版。

检察院关于在部分地方放宽担任法官、检察官学历条件的通知》，自 2002 年 1 月 1 日起至 2006 年 12 月 31 日止，在下列地方人民检察院担任检察官的学历条件可以放宽为高等院校法律专业专科毕业：（1）各省、自治区、直辖市所辖的自治县、自治旗，各自治区所辖县、旗，各自治州所辖县；（2）国务院审批确定的国家扶贫开发工作重点县；（3）西藏自治区所辖地区、市、县、县级市、市辖区。《法官法》第 15 条规定：法官不得兼任人民代表大会常务委员会的组成人员，不得兼任行政机关、检察机关以及企业、事业单位的职务，不得兼任律师。《法官法》第 10 条规定法官资格的禁止条件，下列人员不得担任法官：（1）曾因犯罪受过刑事处罚的；（2）曾被开除公职的。

根据《法官法》，中国法官选任采取选举制与任命制相结合的方式。具体情况为：

（1）最高人民法院院长由全国人民代表大会选举和罢免，副院长、审判委员会委员、庭长、副庭长和审判员由最高人民法院院长提请全国人民代表大会常务委员会任免。（2）地方各级人民法院院长由地方各级人民代表大会选举和罢免，副院长、审判委员会委员、庭长、副庭长和审判员由本院院长提请本级人民代表大会常务委员会任免。（3）在省、自治区内按地区设立的和在直辖市内设立的中级人民法院院长，由省、自治区、直辖市人民代表大会常务委员会根据主任会议的提名决定任免，副院长、审判委员会委员、庭长、副庭长和审判员由高级人民法院院长提请省、自治区、直辖市的人民代表大会常务委员会任免。（4）在民族自治地方设立的地方各级人民法院院长，由民族自治地方各级人民代表大会选举和罢免，副院长、审判委员会委员、庭长、副庭长和审判员由本院院长提请本级人民代表大会常务委员会任免。（5）人民法院的助理审判员由本院院长任免。

2001 年，《法官法》修订之后，规定初任法官采用严格考核的办法，按照德才兼备的标准，从通过国家统一司法考试取得资格，并且具备法官条件的人员中择优提出人选。第 14 条规定：对于违反本法规定的条件任命法官的，一经发现，作出该项任命的机关应当撤销该项任命；上级人民法院发现下级人民法院法官的任命有违反本法规定的条件的，应当建议下级人民法院依法撤销该项任命，或者建议下级人民法院依法提请同级人民代表大会常务委员会撤销该项任命。

实际上，《法官法》的这些规定，并未完全落实或落实得并不理想。当前人们一谈及中国法官素质低时，最常举的例子就是"三盲"院长、

"舞女法官"。① 通过对"三盲"院长姚晓红一案的分析,可以发现这一极端事例的出现恰恰说明了中国法官选任制度在实践中并未真正建立与健全,因此无法阻止那些不合格人员跨入法官职业的门槛。

姚晓红,山西省绛县法院原副院长,他在任期间,由他领导和组织一些干警吊打的当事人达几千人,被他非法拘禁的当事人达 300 多人。由于其无法无天、作恶多端,经中央领导批示,于 1999 年 1 月被山西省运城地区检察院立案侦查,1999 年 8 月 18 日被运城地区中级人民法院一审判处无期徒刑。姚晓红不服,上诉山西省高级人民法院,山西省高院裁定发回重审。2000 年 1 月 16 日,运城中院重审后以姚晓红犯贪污罪、非法拘禁罪、报复陷害罪,再度判处姚晓红无期徒刑,剥夺政治权利终身。这就是震惊全国的"姚晓红案件"。姚晓红原是绛县供销社的一名固定工,后来调到法院开车,又以工代干当上了法院办公室主任,1995 年又当上了绛县法院副院长。姚晓红官运亨通靠的是以钱换权,以权敛钱,再以钱贿官。绛县法院一名老庭长说:"姚晓红确实创造了奇迹,文盲却有大学文凭,法盲却当了法院副院长。"媒体报道称姚晓红原来是一个"三盲"院长——集文盲、法盲和流氓于一身,令人吃惊。②

当人们说法官素质低时,不仅研究人员会举此案,普通大众也会想起这个例子。在人们的印象中,此案的出现充分证明了当前中国法官素质低下。"三盲"院长当法官,而且是在 1995 年《法官法》颁布之后当选为法院院长的。但当了解了西方法治国家法官选任资格制度以及中国《法官法》的相关规定后,会发现问题真正出在法官选任制度上。如果严格按照《法官法》的规定,像姚晓红这样的人首先是不会被选进法院的,即使选进法院,也不会被选任成为法官,更不会当选法院副院长。此案实际上反映当前法官选任制度仍不完善。因此,正如苏力教授所指出的那样,"如果法官教育和培训对提升法官素质影响有限,那么,更重要的提升法官素质的措施就只能是法官遴选。"③

对于在职法官的晋升,《法官法》虽然对不同审级法院法官的素质要

---

① 目前唯一关于法官素质的硕士论文《论法官素质》开篇便详细介绍了此案例,作者希望以此来证明中国目前法官素质低的现实。

② 综合媒体报道而成。

③ 苏力:《道路通向城市——转型中国的法治》,法律出版社 2004 年版,第 249 页。

求有所区分，但实践中，由于法院并未真正拥有人事管理权，因此，从下而上的晋升制度并未成为现实。

## 二　法官培训制度与法官素质

基于职业特性，法官仅有法律书本知识并不足够，还需要拥有丰富的审判经验。这就要求法院必须加强法官的任前与在职培训，正如现任最高人民法院院长肖扬所说，"审判工作性质对法官高素质的要求，决定了我们必须通过加强对现职法官的教育培训，保持法官整体素质的稳定性，并且不断加以提高，使法官成为从事法律相关职业中整体素质最高的一支队伍"。[①]

实际上，法律与法院都非常重视培训对提高法官素质的重要性。《法官法》规定对法官应当有计划地进行理论培训和业务培训。法官的培训，贯彻理论联系实际、按需施教、讲求实效的原则。国家法官学院和其他法官培训机构按照有关规定承担培训法官的任务。法官在培训期间的学习成绩和鉴定，作为其任职、晋升的依据之一。2002 年 7 月，最高人民法院在《关于加强法官队伍职业化建设的若干意见》中也强调:"改革现职法官培训制度。大力加强对法官的职业培训，建立健全与法官选任相配套的法官职业专门培训体系，完善法官继续教育制度，逐步实现以知识型培训为主向能力型培训为主的转变，从普及性培训为主向专业化培训为主的转变，从临时性培训为主向规范化培训为主的转变。"并且，法官必须在任前进行培训，"被录用的人员在被任命法官职务前，必须接受培训，培训合格才能任命为法官。对目前尚未达到法官法规定学历的现职法官，要进行统一的学历教育和专业培训，在规定期限内达到任职条件。对在规定期限内仍未达到任职条件的，要依照法定程序免除其法官职务，调整工作岗位"。要求"充分发挥国家法官学院和省级法官培训机构的作用，加强师资队伍建设，加大经费投入。国家法官学院和地方各级培训机构，要注重对司法实践中的问题进行调查研究，围绕审判工作的重点、热点和难点问题进行岗位培训，根据实际工作需要设计培训班次和内容，做到有的放矢"。

从改革开放初开始，最高人民法院就认识到培训对提高法官素质的重要性。1981 年，法院系统开始成立经济审判庭，就对 1900 余名中 600 余

---

① 肖扬:《加强教育培训，建设高素质法官队伍——在国家法官学院高、中级法院副院长进修班结业典礼上的讲话》，《法律适用》2000 年第 5 期。

名干部进行了短期培训。1983 年，最高人民法院召开的全国人民法院司法行政工作会议，对干部培训工作初步作出了规划，提出争取在不太长的时期内，使绝大多数审判人员在法律专业知识和科学文化水平方面，有一个较大的提高的目标。1985 年，最高人民法院创办了全国法院干部业余法律大学，开始进行大规模的、比较正规的培训。1988 年，首届学员 2.9 万人毕业。1988 年 2 月，最高人民法院与国家教委联合创办了中国高级法官培训中心，实行"法律（审判）专业证书"教育制度，有计划地开展了岗位培训、岗前培训。截至 1993 年，5 年来共培养高级法官 800 余人，除去 4 万余人在校学习，大专以上毕业生 7 万余人。1997 年，国家法官学院成立。最高人民法院分别制定了《1996—2000 年全国法院干部教育培训规划》、《2001—2005 年全国法院干部教育培训规划》以及《法官培训条例》。2002 年法院的工作报告说："加大培训工作力度。最高人民法院举办各类培训班 23 期，培训法官 2000 余人，比上年增加一倍。各高级人民法院共培训法官 3.5 万人，也比上年增加一倍多。法官在职学历、学位教育继续取得进展。在最高人民法院的统一安排下，东西部地区的法院互派 100 名法官挂职锻炼，取长补短，共同提高。"

但实际上，国家法官学院在现实中并未完全发挥其培训的职能，往往成为提高在职法官学历的场所。[①] 针对培训中出现的问题，2005 年公布的《人民法院第二个五年改革纲要（2004—2008）》第 39 条规定：建立法官任职前的培训制度，改革在职法官培训制度。初任法官任职前须参加国家法官学院或其委托的培训机构组织的职业培训。改革法官培训的内容、方式和管理制度，研究开发适合法官职业特点的培训课程和培训教材，改革法官培训机构的师资选配方式。

### 三　法官惩戒制度与法官素质

在惩戒制度方面，当前的制度重惩戒而轻保障。有关法官的惩戒方面的规定主要有以下法律文件：全国人大常委会制定的《中华人民共和国法官法》

---

[①]　中国法官培训制度在实践中存在诸多问题，例如，针对目前法官出国培训，范愉教授指出"认真审核法院的教育培训经费，将每年用于出国培训的大量资金节约下来，直接转化为办案法官的职务津贴或工资奖金，使在基层办案的法官生活水准能有所提高"。详见《有关法官国外培训的实证考察》，载"中国法理网"（http：//www.jus.cn/include/shownews.asp? newsid = 1135），最后访问日期：2006 年 10 月 19 日。

与《人民法院审判人员违法审判责任追究办法（试行）》,《人民法院审判纪律处分办法（试行)》,最高人民法院制定的《关于严格执行〈中华人民共和国法官法〉有关惩戒制度的若干规定》。按照《中华人民共和国法官法》的规定，法官的 13 种行为需要进行惩戒。《中华人民共和国法官法》第 32 条明确规定法官不得有下列行为：（一）散布有损国家声誉的言论，参加非法组织，参加旨在反对国家的集会、游行、示威等活动，参加罢工；（二）贪污受贿；（三）徇私枉法；（四）刑讯逼供；（五）隐瞒证据或者伪造证据；（六）泄露国家秘密或者审判工作秘密；（七）滥用职权，侵犯自然人、法人或者其他组织的合法权益；（八）玩忽职守，造成错案或者给当事人造成严重损失；（九）拖延办案，贻误工作；（十）利用职权为自己或者他人谋取私利；（十一）从事营利性的经营活动；（十二）私自会见当事人及其代理人，接受当事人及其代理人的请客送礼；（十三）其他违法乱纪的行为。法官惩戒制度存在的问题在"莫法官"一案凸显出来，本书试图通过对此案的分析，揭示当下中国法官惩戒制度存在的问题。

2001 年 9 月的一天，某省某地人民法院审判员莫某作为独任法官开庭审理一宗民事欠款纠纷案。原告李某起诉称，被告张某等四人欠自己 1 万元，要求法院判令被告还款。在法庭上，原告出示了签有四名被告姓名的借条。而在庭审中，被告说借条是受暴力威胁才写的，但不能就此提出证据。法官莫某询问被告当时是否报警，答复说没有。两周后，莫某作出一审判决。判决书称：原告所诉被告欠其借款 1 万元，有被告亲笔签名的借据证实。而被告的辩解因未向公安机关报案，且庭审时未提出证据证实，经查无法认定。本着"谁主张，谁举证"的原则，判决四名被告在判决 10 日内偿还原告李某借款 1 万元。判决后，两被告（张某夫妇）因不能接受错误的判决在法院附近喝农药自杀。二人死后，经相关部门调查取证，1 万元的借条确实在暴力威胁下写的。为此，市检察院以此法官"玩忽职守"为由向人民法院提起公诉，市人民法院公开审理了此案。公诉人认为，莫某的行为已构成玩忽职守罪，而莫某辩称这不能算是错案。

一审判决莫某无罪，检察机关不服提起上诉。[①] 此案经过二审，最后法院认定莫法官无罪。因为从法律上说，莫法官的判决与张某夫妇的死亡

---

① 详见《当事人败诉自杀　法官受审　一审判决法官无罪》,《南方都市报》2003 年 12 月 5 日。

没有刑法上的因果关系，审理过程也没有发现莫法官存在徇私枉法或者收受原告贿赂等故意犯罪的情节。莫法官是依照现行《民事诉讼法》的规定来判案的，并没有"故意违背事实与法律作枉法裁判"，因此应当排除其这一民事审判行为是犯罪。但否认莫法官的刑事责任并不意味着他对此事不负其他责任。实际上，按照法官的职业要求与道德修养，莫法官在审判过程中是存在重大瑕疵的。法官在审判中有义务努力查明事实，并根据实际情况行使职权，以达到实质公正与程序公正、法律事实与客观事实的统一。特别是，由于我国民事诉讼当事人往往缺乏法律援助，诉讼能力较低，法官在审理案件时不能仅仅根据规则简单办案，而要在职权范围内对当事人给予必要的帮助，以达到公正审判的结果。在被告提出本案证据是违法取得的情况下，法官应谨慎对待，可以依职权进行调查，也可建议当事人申请公安部门调查证实，暂缓本案的判决。法官在办案过程中不仅需要依靠程序与证据规则，更需要良知与经验，同时需要对当事人的能力和实际利益进行权衡，体现司法的人文关怀[1]。因此，根据法官的职业道德规范，莫法官的行为有失公正与严谨，应当受到法院内部的纪律惩戒。

此案表明，中国法官惩戒制度规定过于原则化，操作性不强。进而言之，主要存在以下不足：首先，对法官进行惩戒倾向于惩罚而不是保护。其次，缺乏一个中立的超然判定和处理失职法官的机构，而这一机构的缺位使法官合法权益在接受惩戒时很难真正获得保障。再次，法官惩戒制度的规定在贯彻时程序性的保障不充分，未根据失职行为的轻重明确规定相应的处罚责任。[2]最后，在罢免法官的规定上无确定的程序性规定，有可能出现罢免的随意性与处罚失当的情况，最终导致法官职业安全感降低，最终影响司法公正的实现。

---

① 这一案件所反映出的法官应当具有人文精神的评论详见梁慧星《法官的人格塑造是关键》，《检察日报》2004 年 4 月 6 日第 8 版。

② 关于严格执行《中华人民共和国法官法》有关惩戒制度的若干规定（2003 年 6 月 10 日最高人民法院审判委员会第 1276 次会议通过）虽然试图对《中华人民共和国法官法》中规定的那些失职行为进行具体的处罚，但由于几乎每一条都对情节严重的行为规定了其他的处罚，实际上还是没有明确具体失职行为应当进行怎样的处罚。如第 10 条规定：法官应当勤勉敬业，不得玩忽职守，造成错案或者给当事人造成严重损失。严禁有下列行为：（一）严重失职，造成错误裁判或者错误执行；（二）严重不负责任，不履行法定职责，给当事人或者其他人的利益造成严重损失。违反上述规定，给予警告至记大过处分；造成严重后果或者重大损失的，予以辞退或者给予降级以上处分。给予撤职或者开除的，提请任免机关免除法官职务。这一条的处罚就有警告、记过、记大过、降级、开除等。

#### 四 法官身份保障制度与法官素质

与西方国家相比,中国目前法官身份保障尚无专门性立法,中国法官当前享有有限的身份保障。主要体现在《法官法》第 8 条法官权利对法官的规定方面。具体而言:

首先,在职务身份保障方面,法院有权获得履行职责应当具有的职权和工作条件;依法审判案件不受行政机关、社会团体和个人的干涉①;非因法定事由、非经法定程序,不被免职、降职、辞退或者处分。其次,在生活上的保障方面,法官有权获得劳动报酬,享受保险、福利待遇。再次,在人身保障方面,法官人身、财产和住所安全受法律保护。最后,在其他方面,法官有权参加培训、提出申诉或者控告以及辞职。

上述诸多规定都是初步的,尚无具体操作的可能性。而在实践中,这些规定远未落实。主要表现为:

第一,中国尚未实现法官员额制度,法官的物质待遇与西方国家法官相比偏低。中国现有近 20 万名法官,由于人数过多,国家无法给其提供真正的高薪。全国首届十杰法官的代表宋鱼水谈及法官待遇问题时也认为目前的法官待遇不高,她说:"作为一名法官也有很多困惑:一是如何过上体面的生活;二是不愧对家人。从目前的实际来看,这两条都做不到,一是法官待遇和薪酬普遍不能保证'体面的生活';二是因为人手问题,几乎每个法官都不能准点下班,自然会愧对家庭。"② 在提高法官收入这一方面,苏力教授算了一笔账:"有人会说,提高法官的收入。你说得轻巧,中国现有 21 万法官,怎么增加? 即使国家每年增加投入 20 个亿,每个法官每个月的收入也不过增加 800 元,这何以吸引最优秀的法律人担任法官?"③ 这说明目前通过国家大幅度在货币方面的投入并非解决法官待遇的现实方式。

第二,中国法官素质出现问题,社会因此对法官职业的外部监督力度增加,从而使法官身份保障制度的真正建立与完善遭遇重大阻碍。普通民众存在这样的疑惑:对于解决司法不公、公信力下降的问题,司法的内外

---

① 宪法、法院组织法与三大诉讼法都有规定:人民法院依照法律规定独立行使审判权,不受行政机关、社会团体和个人的干涉。

② 万兴亚:《优秀法官宋鱼水获百万元奖金引人注目》,载"人民网"(http://www.people.com.cn),最后访问时间:2005 年 6 月 14 日。

③ 苏力:《道路通向城市——转型中国的法治》,法律出版社 2004 年版,第 249 页。

监督何者更为重要？法律学者谢勇认为，"司法工作有其特殊的规律。外部监督过强，会适得其反；外部监督不恰当，会伤及法官的中立、终极裁判地位，不利于司法权的正常运作"。

第三，正如上文对"莫法官"一案的分析，法官惩戒主要倾向是对法官的不信任而非保护。法院当前是以行政化管理为主，主要依靠法院的行政性纪律进行，缺少对法官真正谨慎程序性的保护与职务豁免规则。而且，权力机关实行的"个案监督制"，也被实践证明是有问题的。在法院内部，各级法院都相继出台一些制度，如最高人民法院关于"错案追究制"的规定以及各级法院实行的竞争上岗与末位淘汰等制度，都对初步建立起来的并不稳定的法官身份保障制度产生了很大负面影响。

与西方国家相比，中国法官制度最大的特殊性，是法官身份保障制度尚未完全建立。如前所述，西方国家的法官素质问题的解决是以司法独立的核心即法官身份保障制度为前提，而中国的法院独立判案这一宪法原则目前尚未真正从制度上落实。

## 第三节　当代中国法官素质问题特殊性

通过对中国法官素质情况的历史与现实考察，以西方国家为参照，可发现中国当代法官素质具有如下的特殊性，即：第一，职业法官人数众多。第二，法官素质存在问题，一是法官职业标准并未完全落实；二是法官职业外部评价标准非常复杂，与法官职业标准差异性大；三是中国当前法官制度具有特殊性。

### 一　职业法官人数过多

中国法官人数过多，长期以来成为法官素质低这一论断的重要根据，有研究者认为："从某种意义上说，法官人数是法官整体素质的一种量化的、外在的表现形式。一般说来，法官人数太多，通常反映出法官的整体素质不高。"[1] 这位研究者总结道："现时的主流观点认为：中国法官人数太多，因而素质不高且效率低下。从目前见诸报端和出现在学者著述中的统

---

[1]　许前飞：《再论中国法官的素质》，《人民司法》2002 年第 1 期。

计数据来看，中国法官人数之多似乎也是显而易见的。"① 但大多数研究者虽认识到人数过多是导致法官素质问题的一个重要原因，但往往忽略了一个基本事实，即中国职业法官概念范围显然比西方国家更为宽泛。

事实上，很长一个阶段，在实践中中国法官人数与法院其他工作人员的人数是混杂在一起被统计的。中国法院人员的人数与法官（审判员）人数并不相同。综合各种公开资料，下面对法院人员人数与法官的人数进行简要的分析。

首先是关于全国法院人员人数统计。

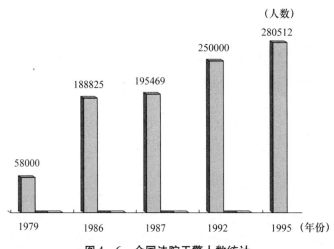

**图 4 - 6  全国法院干警人数统计**

资料来源：（1）1979 年的数字出自时任最高人民法院院长江华在全国法院院长工作会议上的讲话，详见《江华司法文集》，人民法院出版社 1989 年版，第 90 页。转引自贺卫方《司法的理念与制度》，中国政法大学出版社 1998 年版，第 13 页。（2）1986 年数据来自张军、江必新，《审判机关及其工作》，载《中国法律年鉴》1987 年卷，第 11 页。转引自贺卫方《司法的理念与制度》，中国政法大学出版社 1998 年版，第 13 页。（3）1987 年数据来自时任最高人民法院院长郑天翔 1988 年的最高人民法院工作报告。（4）1992 年数据来自时任最高人民法院院长任建新为《人民法院报》写的"发刊词"，见该报 1992 年版。需要说明的是这里并非准确数字，同版署名"寒风"的文章《人民法院在改革开放中前进》称"执法干警已近 25 万人"。转引自贺卫方《司法的理念与制度》，中国政法大学出版社 1998 年版，第 13 页。（5）1995 年时任最高人民法院院长的任建新在最高法院工作报告中说："全年共处理违纪违法干警 1094 人，占法院干警总数的 0.39%。其中受刑事处分的 47 人，内有审判人员 34 人。"由此推算出当年法院干警总数为 280512 人。

———————

①  许前飞:《再论中国法官的素质》，《人民司法》2002 年第 1 期。

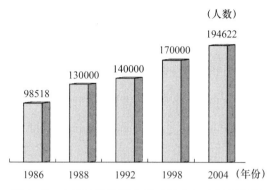

图 4-7　全国法院审判人员（法官）人数示意图

资料来源：（1）1986 年数据来自张军、江必新《审判机关及其工作》，载《中国法律年鉴》1987 年卷，第 11 页。转引自贺卫方《司法的理念与制度》，中国政法大学出版社 1998 年版，第 13 页。（2）1992 年数据来自时任最高人民法院院长任建新为《人民法院报》写的"发刊词"，见该报 1992 年 10 月 1 日第 1 版。需要说明的是这里并非准确数字，同版署名"寒风"的文章"人民法院在改革开放中前进"称"执法干警已近 25 万人"。该年审判人员的数字也出自寒风的文章。转引自贺卫方《司法的理念与制度》，中国政法大学 1998 年版，第 13 页。（3）2004 年的数据来自推算。"最高人民法院院长肖扬 26 日表示，目前我国共有 3133 个基层人民法院，10290 个人民法庭，148555 名基层法官，占全国法官总数的 76.33%，其中，一线法官 91099 名。"由此推算出到 2004 年为止全国法院法官人数为 194622 名。① 邹声文、张旭东：《我国基层法官接近 15 万人　法院存在四大问题》，载"人民网"，发布时间：2004 年 10 月 26 日 20：22。（4）祝铭山在 1999 年 10 月 20 日"关于《人民法院五年改革纲要》的说明"中说 1988 年到 1998 年，人民法院受理的各类案件数量从 165 万件，增加到 588 万件，是原来的 2.33 倍；审判人员的数量从 13 万人，扩充到 17 万余人，增加了近 43%。

因为缺乏全国性的统计资料，无法进行以下分析：法院人员的构成比例分析，即法官、书记员、法警等人员的构成分析；法院法官学历的比较，包括学历取得的方式、法律专业与非法律专业的比例；法院人员的年龄构成分析等。与第三章的四国情况相比，中国法官人数明显比这些国家职业法官数量要多。据统计，1991 年 7 月，日本法院的全体法

---

①　中华人民共和国国务院新闻办公室于 2005 年 10 月在北京发布《中国的民主与建设》白皮书说："中国审判机关设立最高人民法院、地方各级人民法院以及军事法院等专门人民法院。截至 2004 年底，全国有各级人民法院和专门人民法院 3548 个，法官 190627 人。"网址"中国政府门户网站"之"政务公开"之"白皮书"（http：//www.gov.cn/zwgk/2005-10/19/content_79539.htm），最后访问时间：2006 年 1 月 20 日。

官（包括最高法院法官）共有2828人，其中简易法院审判员为806人，其他法院法官为2022人。在全体法官中，女法官156人，占法官总数的5.5%。[1] 按照是否全职，法官分为职业法官与非职业法官，在英国职业法官不到500多名，但非职业法官有25000多名。[2] 有学者对两国的法官人数与总人口做了对比，得出英国11万人口中只有1名全职法官，日本每万人中也只有0.23名法官。[3] 而中国是将近7000人中就有1名法官。从这一结果看，中国法官人数与这两国相比远远高出很多。之所以会出现这样的问题，主要是中国与西方国家计算法官人数的范围不同。在西方，通常情况下，基层法院多为非职业法官，一般是不计入法官人数的，而中国的法官人数是把基层法院法官也囊括在内的。

　　受到研究资料所限，本书只能以海事法院这一专门法院的具体情况为例，试图发现中国法官专业素质尤其文化素质的基本情况。

**图4-8　法官与其他工作人员示意图**

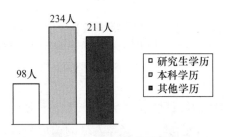

**图4-9　学历构成示意图**

资料来源：全国十个海事法院（大连、天津、青岛、上海、武汉、广州、宁波、海口、厦门、北海）的数据来自最高人民法院副院长万鄂湘在纪念海事法院成立20周年座谈会上的讲话

---

　　① 参见［日］杜部保夫、宫泽节生、木佐茂男、吉野正三郎、佐藤铁男《现代司法》，日本评论社，第91—92页。转引自龚刃韧《现代日本司法透视》，世界知识出版社1993年版，第87页。

　　② Henry Abraham, *The Judicial Process*, Oxford University Press, 1993, pp. 245—255.

　　③ 薛立泰：《法官中立论》，《司法理论与实务》1999年第2期，转引自许前飞《再论中国法官的素质》，《人民司法》2002年第1期。

的文章。文中说"截至 2004 年 5 月底，10 家海事法院拥有法官和其他工作人员 544 人，其中法官 334 人，法官中具有研究生学历的 98 人，占 29.34%；具有本科学历的 234 人，占 70.6%，大大高于全国法院法官学历平均水平，为搞好审判提供了人才保障。广州海事法院的 44 名法官中具有研究生学历的 24 名，占 54.55%，还有 10 名法官为在职攻读硕士、博士学位。"万鄂湘：《把海事法院建成我国涉外审判的窗口——在纪念海事法院成立 20 周年座谈会上的讲话》，中国法院网，发布时间：2004 - 06 - 24 10：08：47。

从上述相关统计数据以及其他资料可以发现法院人员构成所显示的一些特点：

法院人员的数量呈现由少到多再由多到少的趋势。其中从 1979 年到 1995 年呈现不断增长的趋势，1979 年为 58000 人，到 1995 年为 280512 人，17 年间增长了 4.84 倍。其中人员主体还是审判人员即法官，审判人员 1986 年为 98518 人，2004 年为 194622 人，19 年来增长了 1.98 倍[①]。此后，法院发现法官的数量不是问题，法官专业审判水平才是真正需要解决的问题，又开始精简数量，清除不合格的人员。2002 年"法官等级新近评定后，中国有首席大法官 1 人、大法官 41 人、高级法官 3 万人、法官 18 万人，法院工作人员已精简了 10%。"[②]

法官专业文化要求不断增强。2005 年 7 月统计"全国法官中具有大学本科以上学历的，从 1 万余人增至 9 万余人，占法官总数的比例从 6.9% 提高到 51.6%"。全国海事法院中本科学历 334 人，法官中具有研究生学历的 98 人，占 29.34%；具有本科学历的 234 人，占 70.6%，大大高于全国法院法官学历平均水平。

### 二　法官职业标准的特殊性

从法官职业标准来看，与西方相比，中国法官素质具有以下特征：

第一，法官文化素质与专业素质一直不尽如人意。不像西方，法官选任、培训等一系列制度建立与完善，从源头上保障法官文化素质与专业素质，杜绝不符合要求的人成为法官。如美国的联邦法官选任多来自律师，而成为律师必须接受过本科及以上的教育，日本也要求经过统一司法考试

---

① 吴兢：《法官法检察官法实施十年　我国法官检察官整体素质不断提高》，《人民日报》2005 年 7 月 17 日。

② 《中国精简法官人数，一批不合格人员将被淘汰》，"中新网"，2002 年 7 月 7 日。

才能进入司法研修所，这样，法官文化与法律知识在从事律师职业时已打好基础。中国目前即使法官的学历明显提高，但学历并不能代表能力，这是毋庸置疑的，尤其是司法经验并非学历可以替代。而法院多年来一直将法官的学历整体提高作为一个重要的目标，甚至认为解决法官素质问题就是提高法官学历。这种认识无疑陷入了误区。正如范愉教授所指出的："法律家的素质不仅仅意味着学历和学位；实务法律家与法学家应保持一定的立场、思维方法、视点和价值观上的差异；实务法律家的职业培训应区别于学历教育，提高其素质的根本途径不应是依靠大学法学院不断提高他们的学历，而应该建立起真正意义上的、正规的职业法律教育，提高他们的经验、责任感、能力和职业道德。"①

　　第二，法官专业素质中对法律经验的要求并不严格，未体现出法官职业的特殊性来。法律经验是法官职业的内在要求，前述诸国无论采取何种方式选任法官，但对其均要求必须具备长时间的法律工作经验。中国《法官法》规定："高等院校法律专业本科毕业或者高等院校非法律专业本科毕业具有法律专业知识，从事法律工作满二年，其中担任高级人民法院、最高人民法院法官，应当从事法律工作满三年；获得法律专业硕士学位、博士学位或者非法律专业硕士学位、博士学位具有法律专业知识，从事法律工作满一年，其中担任高级人民法院、最高人民法院法官，应当从事法律工作满二年。"这一法定标准对有关法律工作年限要求并不高，另外，学历可替代年限的减少反映出在法官素质内容上重视文化知识而轻视经验的倾向。

　　第三，中国法官内部基本未形成由下往上的晋升制度。在日本，职业法官通常是从下一级法院向上一级法院晋升的。美国的联邦法院法官也存在这样的情况。换言之，这些国家的法院内部不同审级之间的流动性是存在的。但在中国目前的法院，由于法院实际上并不享有人事权，地方各级人民法院法官录用人数与比例是由地方政府决定的。这样，若上级法院将下级法院的法官选任上来，下级法院就将出现员额空缺，而要填补必须经过当地政府的批准。在现实中，中国法官并不具备真正从下往上晋升的制度安排。

　　第四，不同审级的法官素质要求几乎无差别。西方四国不同审级的法

① 范愉：《法律家素质及法律教育刍论》，《人大法律评论》2000 年第 2 辑。

官素质具体要求存在比较大的差异。一般而言，审级较低的法官素质都要求具备法律知识与接受培训，而审级越高尤其是最高（联邦）法院法官素质要求具有特殊性，一般与初审法官素质要求并不相同。但在法官素质内容的相同部分，一般上级法院法官的要求明显要比下级法院法官严格。在法律工作经验方面，上级法院法官一般要求比下级法院法官时间长。

《法官法》规定高等院校法律专业本科毕业或者高等院校非法律专业本科毕业具有法律专业知识，从事法律工作满二年，其中担任高级人民法院、最高人民法院法官，应当从事法律工作满三年；获得法律专业硕士学位、博士学位或者非法律专业硕士学位、博士学位具有法律专业知识，从事法律工作满一年，其中担任高级人民法院、最高人民法院法官，应当从事法律工作满二年。这意味着上级法院法官比下级法院法官仅仅在法律工作年限方面仅多了一年要求而已，而这根本不能体现不同审级法官素质要求应当要求不同的规律性来。根据法官性质（简易法院法官与非简易法院法官）的不同以及法官所处的审级不同，法官素质要求同中有异。从大的方面而言，所有法官都要求具备一定的法律专业能力、高尚的职业道德。但法官的性质、审级不同，具体素质要求有所不同。简易法院的法官与其他非简易法院的法官最大的不同，就是在法律专业要求上没有后者严格。其他非简易法院法官要经过非常严格的全国司法考试，而这一考试的通过率极低，之后合格者还要经过 2 年的司法研修所的学习，优秀者方有可能成为法官；而简易法院法官大多并不需要经过这么严格的专业训练。这是由两类法官面临工作的性质不同造成的。不同审级的法官由于职权与任务等不同，因此，在专业与道德方面的要求也有所不同。一般而言，审判级别越高，对法官素质的要求越高。这说明法官素质的要求与审级与法官类别有关。

第五，从职业道德素质方面而言，与西方相比，中国法官素质尚未建立真正独立的完善的职业道德。在西方，法官基本已形成了职业自律，法官高度重视职业道德。"（道德观念——引者注）在我们西方也不是没有问题，但有些事情在西方是不言而喻的，比如法官与涉案双方保持距离。可惜这种距离在中国还不是不言而喻的。"[1] 如美国马萨诸塞州联邦地区法院法官马克·沃尔夫表示，如果他知道律师朋友会与他在法庭碰面，他

---

① 《德国专家认为电脑量刑不妥》，《参考消息》2006 年 9 月 26 日第 15 版。

会主动拒绝接受案件,从而避免一些不好的事情发生。① 日本法官为避免与当事人之间的接触以及其他种种诱惑,甚至有意与一般大众保持距离,过半隐居的生活。与之相比,中国法官道德素质需要极大的提高,进入20世纪以来,最高人民法院的工作报告中谈及法官素质问题在政治素质与专业素质之外又特意加上法官职业道德素质,在一定意义上表明法官职业道德素质已越来越成为法官素质问题中亟须解决的部分。甚至中国最高人民法院通过法律文件来规范法官与律师的关系。这被认为是司法腐败已经相当严重的信号,一位德国法律专家说:"至于腐败在中国司法中已经很严重。中国推出了一个条例,规定法官应该持什么样的道德伦理观念,怎么处事。这本身是一个警报。如果一个司法系统、一个国家被迫作出规定,详细地规定法官应该怎样在道德上、灵魂上独立,应该拿出什么样的行为方式来,这就说明有问题了。"②

第六,政治素质一直是法官素质最为重要的内容,对政治素质的强调贯穿中国法官素质发展整个历史。长期以来,社会对司法工作的认识是司法是政权专政的工具,司法要为大局服务。因此,革命根据地时期法院主要为武装斗争服务,边区时期要为抗日服务,解放后法院的工作都是围绕当时的国家中心任务服务的。

### 三  法官职业外部评价标准的复杂性

当代中国法官素质社会评价偏低,主要在于当前中国法官素质的职业外部评价标准异常复杂,法官职业外部评价标准与法官职业标准冲突明显。西方国家法治的形成过程中,整个社会都参与其中③,范愉教授指出:"在西方国家的历史上,现代司法制度是作为社会革命的结果出现的。而对非西方国家来说,却是在这一环境还不具备,或者还不完全具备的情况下建立现代司法制度的。一些国家甚至试图通过建立现代法律制度推动社会现代化变革。在这种背景下,社会与法制的脱节、现代司法制度与社会环境的不协调就成为非常普遍的现象。其次,主要通过法律移植建立现代司法制度。西方国家现代司法制度建立于其社会基础上,司法制度

---

① 洪立:《与美国联邦法官马克·沃尔夫对话》(上),《小康》2004年第6期。

② 《德国专家认为电脑量刑不妥》,《参考消息》2006年9月26日第15版。

③ 参见[美]哈罗德·J.伯尔曼《法律与革命——西方法律传统的形成》,贺卫方等译,中国大百科全书出版社1993年版。

基于社会需求而建构和运作，服务于社会，二者之间具有天然的互动关系。"①

西方社会的法治是从其社会内部自生自发生成的，属于自生内发型，与之相比较，中国现在推行的法治是后生外发型，即所要实现的法治是在传统中国没有的，主要是借鉴别国的制度。② 法治不仅是制度的建立，更重要的是要使制度在固有的文化土壤中扎根。日本一般被认为是东方国家建成法治的成功代表，但这一过程也经历了上百年的时间。中国作为后发国家，建设法治的时间不到 30 年，与西方不同，司法与社会天然存在裂缝，需要漫长的"磨合期"才有可能融合到一起。在此过程中法官素质社会评价与法官职业标准出现差异、矛盾与冲突并不奇怪。须知"西方国家现代化的历程始于中世纪中后期，现代司法制度是在近千年漫长的历史时期内逐步发展演化形成的，制度和环境之间经过长期的互动和磨合，二者已经完全融为一体。而在非西方发展中国家，则要用数十年的时间来完成西方国家数个世纪所完成的现代化任务，经济、政治、法律、文化等社会各个系统之间仍需要较长时间进行磨合。尤其是，如果这一现代化的发展过程过快，很难在短时间内培养起一个高素质的、成熟的法律职业集团，这就使移植而来的现代司法制度由于缺少支持其有效运作的经验和人才条件而无法正常运作。同时，与司法制度运作相配套的政治体制、律师制度、法律教育制度等等之间，很难在极短的时间内形成整体的协调关系"③。

这一时期法官素质职业外部评价标准出现复杂性，可归纳为：

其一，社会各界在评判法官素质时，有时是按照目前中国法官素质的职业标准来要求，如法官学历不高，但学历提高，就会认为法官素质提高了。④ 征跟东在《南风窗》2001 年第 6 期上发表的《法官的素质》就代表这一思维。因为《南风窗》杂志是非法学类杂志，这篇文章在很大程

---

① 范愉：《从司法实践的视角看经济全球化与我国法制建设———论法与社会的互动》，《法律科学》2005 年第 1 期。

② 参见陈洪涛、阎章荣《法治是如何形成的——神学与法律关系新探》，《社会科学家》2005 年第 1 期。

③ 范愉：《从司法实践的视角看经济全球化与我国法制建设———论法与社会的互动》，《法律科学》2005 年第 1 期。

④ 吴兢：《法官法检察官法实施十年　我国法官检察官整体素质不断提高》，《人民日报》2005 年 7 月 17 日。

度上反映一般社会民众对法官素质低判断的形成过程:作为记者,作者参加了一场庭审,作者通过自己的亲眼观察和传闻,以及新闻报道的法官学历情况,作者又以律师作为对比,认为法官素质已经远远落后于律师素质,法院的举措还远远不够。

　　其二,判断标准有时是以西方法官素质作为标准。如王娟在《中国法官素质亟待提高——从英国法官的贵族精神谈起》①一文中,从英国法的历史发展中法官贵族谈起,之后对中国法官素质的现状进行了分析,作者试图通过西方法官的发展历史来说明中国法官素质问题。

　　其三,判断标准有时是以传统法官素质标准作为标准。中国传统法官审判时更注重是否符合实质正义,而现代司法追求更多的形式正义。梁治平先生在《法意与人情》一书中对中国古代判案进行了详细地分析,他所列举的诸多案例中,往往不符合现代法的概念,正如作者所指出的"这不是说古人不讲求正义,而是说他们另有标准"。古代法官在判案时除了依法之外,还要参考天理人情。"中国文化的精神特质,正包括了缘情设教这一项。法律自然也不应与人情相悖。只是要完满地实现这一点,实在是很不容易的事情呢。"②中国古代社会的中华法系消亡已有一个世纪之余,但这种法制观念不能说从社会大众的心里完全消失。两届全国十杰法官中不乏具有人情味的法官,尤其在基层,大众更容易接受这样的法官。

　　其四,当今中国法官职业外部评价标准,既存在从法官行为也存在从审判结果角度去评价法官素质。但这两个不同视角导致的结果是对法官素质的认识乃至相关的制度设计均不相同。

---

① 详见文后附录之"参考资料"。
② 梁治平:《法意与人情》,中国法制出版社 2004 年版,第 239 页。

# 第五章

# 当代中国法官素质问题的解决路径

当代中国法官素质低已成为不容忽视的社会难题，此问题若不解决将会引发其他社会问题，其中最为严重的应当是司法权威的树立。一个国家司法权威若在社会中无法树立，则会导致司法这一社会纠纷根本解决机制功能的丧失，最终影响社会总体性的稳定。事实上，对此问题，包括法院在内的社会各方一直高度关注，并不断提出各自的解决措施与思路。本章将梳理各方观点，尝试提出一些应对策略。

## 第一节　大众对法官素质问题的一般认识

### 一　对"法官素质问卷调查表"的分析

在论述各方观点之前，首先应当了解普通民众对此问题的看法，为此。笔者 2005 年下半年在某一西部省会城市进行了关于法官素质问题的问卷调查，问卷共发出 500 份，收回 484 份，作废 43 份，有效问卷共计 441 份。此次调查时间为 2005 年 11 月，分别在西部一省会城市的两所不同高校进行。这两所高校传统上属于理工科院校，近年来社会科学有所发展。调查对象都是本科非法学专业一年级至三年级大学生。具体做法是联系到任课老师，在课堂现场发放问卷，填后随即回收上来。① 以下是问卷调查的内容及其统计结果的分析。

---

① 这样虽然没有向社会随机发放代表性强，但起码可以保证被调查者态度是认真的。对问卷而言，最为重要的是结果要尽量真实准确地反映被调查者的心理。

**法官素质问题问卷调查表**

(说明:除了特别标明的均为单选)

1. 认为以下哪些人员属于法官(　　　)

   a. 在法院工作的人　36

   b. 法院的审判人员　331

   c. 在法院、检察院、公安机关工作的人员　39

   d. 只要是国家工作人员都是　5

   e. 能主持公道的人　30

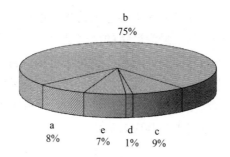

图 5 - 1　法官素质问卷调查 1

　　选择法院审判人员的占 75%,以下按照从多到少的顺序依次为:在法院、检察院、公安机关工作的人员,占 9%;在法院工作的人为 8%;能主持公道的人为 7%;只要是国家工作人员都是,占 1%。这说明在大多数人心目中法官主要是从事审判工作的。其他的选项说明大众对于法官的认识还存在不清楚的地方。总体上说明目前社会对法官的认识与《法官法》尚存一定的偏差。

2. 你认为一个人的素质应当包括以下哪些方面(　　　)

   (可多选)

   a. 文化知识学历　381

   b. 个人道德品质　418

   c. 为人处世的能力　337

   d. 社会责任感　388

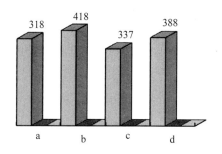

**图 5 - 2　法官素质问卷调查 2**

四个选项中选择 b 的最多，即个人道德品质；选择 c 的最少，即为人处世的能力；选 a 文化知识学历和 d 社会责任感的人数基本相当。说明社会对素质内容中的个人品质要求很高。这也和后面的选项有关联。

3. 你认为法官素质应当包括以下哪些方面（　　　）（可多选）
    a. 文化知识学历　354
    b. 法律专业知识　412
    c. 个人道德品质　409
    d. 为人处世的能力　269
    e. 遵守法律的精神　368

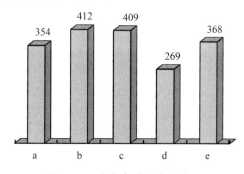

**图 5 - 3　法官素质问卷调查 3**

选择"法律专业知识"的人数最多，说明大众认为法官素质中这个内容是最重要的，而为人处世的能力被放到的最后，说明大众认为法官在社会交往方面的能力不是最重要的。个人道德品质为第二位的选项，说明大众认为法官道德品质的重要性虽然低于法律专业知识但高于文化知识学历和遵守法律的精神，与上面一项对普通人素质的要求相比，法官对法律精神的遵守的重要性高于文化知识学历。

4. 你认为当前法官整体素质如何?(　　)

　　a. 一般 184　41.7%

　　b. 很好 28　6.3%

　　c. 很低 91　20.6%

　　d. 不好说 98　22.2%

　　e. 不知道 40　9.0%

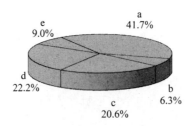

图 5-4　法官素质问卷调查 4

对法官素质的评价方面,认为法官素质一般的人数最多,占到41.7%;认为很好的占 6.3%;认为很低的有 20.6%;不好说的有22.2%;不知道的有9.0%,后两者加起来接近总数的三分之一,说明法官素质问题在一般人看来比较复杂。

5. 你认为目前的司法是否公正?(　　)

　　a. 公正　59

　　b. 不公正　140

　　c. 不好说　242

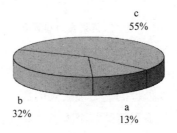

图 5-5　法官素质问卷调查 5

　　对目前司法是否公正认为不好说的占总人数一半还多，为55%，认为不公正多于认为公正的人数，但这也说明这个问题的复杂性，并不像我们通常想象中认为的那样观点应当比较明确。

　　6. 你是否认为司法腐败存在？程度如何？（　　）

　　　　a. 存在，一般　228

　　　　b. 存在，很严重　205

　　　　c. 不存在　8

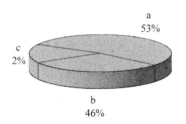

**图 5 - 6　法官素质问卷调查 6**

　　超过一半即53%选择的是"存在，一般"；只有2%的认为"不存在"；其余的人有46%认为"存在，很严重"。这说明98%的人即绝大多数人都认为存在司法腐败问题。

　　7. 你是否有过打官司的经历（　　）

　　　　a. 没有　415

　　　　b. 有　26

**图 5 - 7　法官素质问卷调查 7**

　　94%的人没有诉讼经历，只有6%人有诉讼经历，说明绝大多数人在日常生活中没有去过法院、没有接触过法官。

　　8. 你认为司法公正是否与法官素质有关？如果有，关系有多

大?（　　）

a. 有关，一般　85

b. 有关，很大　319

c. 有关，很小　28

d. 无关　9

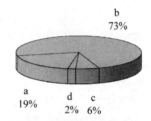

**图 5 - 8　法官素质问卷调查 8**

73% 的人认为司法公正与法官素质有关，而且很大；19% 的人认为关系一般；还有 6% 的人认为很小；认为无关的只占全部人数的 2%，这说明 98% 的人都认为司法公正与法官素质有关，只是程度大小的问题。

9. 你对法官的判断以及法院的印象来源于（　　）（可多选）

a. 个人经历　106

b. 传闻　238

c. 媒体报道　333

d. 其他　175

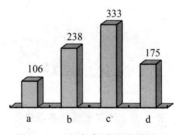

**图 5 - 9　法官素质问卷调查 9**

通过媒体报道获得法院印象的人数最多；其次是传闻；再次是其他；最后是个人经历。这说明媒体对法院法官的报道对人们关于法官的形象印象影响非常大。而直接通过个人经历获得判断的情况最小，这和上面绝大多数人没有诉讼经历的调查是符合的。

10. 你心目中理想的法官模范是（　　）

    a. 马锡五　37

    b. 包公（包青天）　315

    c. 宋鱼水　65

    d. 金桂兰　24

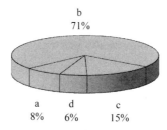

**图 5 – 10　法官素质问卷调查 10**

71% 人认为法官模范是包公；其次分别是宋鱼水、马锡五、金桂兰。看来在相当多数的人心目中包公的形象依然存在，而本调查是在 2005 年下半年，当年十杰法官的选举正在进行，宋鱼水因为是上一届十杰法官的当选人，之前广泛被宣传过，金桂兰这时正在被宣传，所以知名度还不高。而马锡五的知名度比金桂兰高，依笔者的分析，可能是出于偶然的原因多。

11. 你认为法官职业在当今社会属于？（　　）

    a. 很好的职业　293

    b. 一般职业　133

    c. 不好的职业　15

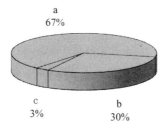

**图 5 – 11　法官素质问卷调查 11**

认为法官在当今社会上属于很好的职业占67%；认为一般的为30%；认为不好的只有3%，说明目前社会对法官职业本身的现实评价比较高，大多数人并不认为其为不好的职业。

12. 当你遇到纠纷，你会首先选择什么方法解决纠纷？（　　　）

    a. 和对方进行协商　315

    b. 请第三人调解或者仲裁　56

    c. 上法院打官司　32

    d. 其他方式　38

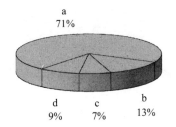

图 5 - 12　法官素质问卷调查 12

当遇到纠纷时，有71%的人选择与对方进行协商的手段来解决；13%的人选择调解或者仲裁；只有7%的人会采取诉讼；采取其他方式的人也有9%。在这些解决纠纷的方法中，诉讼方法是最少的，只占全部人数的极少数，说明目前人们并没有把诉讼作为解决纠纷的首选方式。

## 二　大众的一般认识

在社会各界看来，中国当代法官素质已成为一个问题，法官素质低乃不争的事实。如出席河北省十届人大一次会议的代表在讨论河北省人大常委会、法院、检察院的报告时，几乎所有发言的代表都认为，法官队伍素质亟待提高。[①]

社会大众对法官素质现状的认识首先涉及对法官范围的界定。法院除法官外，还包括其他工作人员，如书记员、法警、后勤人员与行政人员

---

① 《河北省人大代表深究三个数字：法官队伍素质亟待提高》，载"人民网"，发布日期：2003 年 1 月 24 日。

等。《法官法》虽明确规定下列法院人员属于法官：院长、副院长、庭长、副庭长、审判委员会委员、审判员与助理审判员。但社会大众对法官认识却并非如此，显得比较宽泛，往往将所有法院工作人员均归为法官概念。如问卷中关于法官的认识的调查中即显示有一定比例的人认为法官就是在法院工作的人员（占7%），或在法院、检察院、公安机关工作的人员（占9%），甚至是能主持公道的人（占7%）。① 不仅一般社会大众对法官概念有所泛化，甚至法学研究人员对其亦不完全与《法官法》规定一致。如强世功与赵晓力《双重结构化下的法律解释——对十名中国法官的调查》所使用的法官概念即是一种宽泛意义上的。作者这样介绍调查对象："我们所调查的这8名法官是一个特殊的法官群体，他们受过正规的法律教育（一名除外），而且都是在1991年之前参加工作的，自然受到了80年代整个社会环境和文化思潮的影响；他们分布在各业务庭室工作，直接参与案件的审理，而且大多数法官在不同级别的法院工作过，需要说明的是他们在基层法院工作都是在接受锻炼；他们在法院里大都作书记员，在法院里的业务群体中属于边缘群体；他们都在北京大学接受法律'再教育'，而且都要回到原单位工作。"② 可见，社会对"法官"这一概念的认识范围远远超过了法律规定。③

　　法官素质的法官职业外部评价标准虽与法官职业标准不同，但前者范围显然比后者广泛。事实上，社会认为法官素质不高的依据往往首先是法官职业标准。法官素质包括专业素质与道德素质两方面，而专业素质又包括文化知识与法律知识。就法官知识而言，最直接的体现就是学历，与法院一样，社会也对法官学历提高非常关注。在社会看来，学历提高表明了法官素质改善。如在2005年，当全国具有大学本科以上学历法官人数从

---

　　① 笔者在访谈时也经常可听到受访者问："除法官外，难道法院还有其他人吗？"由此可见在许多人看来凡是法院的人员，无论其是否属于法官法规定的法官，都属于法官的行列。在这种情况下，法官人数在大众心目中急剧膨胀是可以理解的。
　　② 载"中国法官"，最后访问日期2006年5月19日。
　　③ 法官素质的法官职业外部评价标准中的法官与法官职业标准的法官并不相同，因此，法院不仅要把法官职业素质问题解决好，还要解决好其他非法官人员的管理。甚至，整个国家的公务人员的形象都对法官形象有影响，换言之，公务人员素质的整体提高也有利于法官素质的提高。当然，后者显然超出了法院的能力范围。

1 万余人增至 9 万余人，占法官总数的比例从 6.9% 提高到 51.6% 之际，①
法官素质被认为结构明显优化，社会对其做了充分肯定。除文化水平外，
社会尤其是法学界对法官法律专业知识方面格外重视。统一司法考试未实
行前，法学界批评最多的是法官的法律专业知识。《法官法》的修订内容
就包括对法律专业学历的强调。全国统一司法考试确定后，是否通过这一
考试便成为衡量法官素质高低的一个重要指标。此外，法学界对法官法律
经验或资历尤其关注。与法官专业素质相比，近年来社会对法官职业道德
素质更为关心。法官道德素质不佳的事实已成为当代中国社会认为法官道
德素质低的重要依据。近年来媒体多有关于法官腐败的案件报道，说明社
会对法官道德素质状况已逐渐超过对其专业素质的关注。自从进入 21 世
纪，法院的工作报告将法官素质内容在以往的政治素质与专业素质中又加
进职业道德素质，这也反映出法院感到了社会对法官道德素质不满的
事实。

　　社会评价法官素质并非完全根据法官职业标准，还存在其他非职业的
标准。情况往往是，法官职业外部评价标准中混杂着法官职业标准，当然
并不完全按照法官职业标准。如果把评价法官素质的社会主体分为两大部
分，即按照是否参与诉讼，可发现普通民众对法官素质的总体印象往往通
过与法官的一次接触便会固定下来。宋鱼水法官有句名言：当事人可能平
生就打一次官司，这唯一经历就会使其对法院法官产生终生的印象。普通
人通过参加一场庭审，接触一次法官，根据自己亲眼观察与传闻，以及新
闻报道的法官情况，略微思考就可得出法官素质不高的结论。问卷也表明
绝大多数人并未有过涉诉经历，并无与法官接触的直接经验。② 他们对法
官素质的观点主要是通过媒体、传闻获得的。真正接触过法官的人对法官
个人素质的认识也未必不好，这很大程度上取决于法官个人素质与案件
结果。③

　　按照是否从事法律职业划分，社会大众主要分为法律职业者以及非
法律职业者。为与法官相区分，前文已将此类法律职业者简称为"其他

---

　　① 吴兢：《法官法检察官法实施十年　我国法官检察官整体素质不断提高》，《人民日报》
2005 年 7 月 17 日。
　　② 94% 的人没有诉讼经历，只有 6% 人有诉讼经历，说明绝大多数人在日常生活中没有去
过法院、没有接触过法官。
　　③ 胜诉方与败诉方对判决、法官看法应当有所差异，但事实究竟如何尚须深入的调研。

法律职业者"。这部分人员主要包括律师、检察官、法学研究者等。在中国日益呈现专家治国的情况下，法学研究者对法官素质的认识显然对普通民众影响很大。法学研究者认为当下中国法官素质低，其理由不仅是以当前的法定标准为根据，更以西方国家法官素质标准为依据。《中国法官素质亟待提高——从英国法官的贵族精神谈起》的作者就是以英国法官素质状况来判断中国法官素质现状从而得出中国法官素质低的结论。在普通民众心中，以传统理想法官的内涵作为标准来衡量中国现代法官素质也很常见。在上一节的问卷中，71%的人认为法官模范是包公，其次分别是宋鱼水、马锡五、金桂兰，在相当多数的人心目中包公的形象依然存在，说明传统法官的理想素质要求对今日中国仍有深远的影响。

### 三 社会各界建议主旨分析

正如上文所指出的那样，包括其他法律职业者（尤其是法学研究者）在内社会各界对法官素质问题非常关注。本节主要讨论以法学研究者为主的社会各界对法官素质问题的思考以及相关建议的主旨。

1. 有关法官本身问题的分析

第一，法官人数问题。社会已认识到现有人数过于庞大，甚至成为法官素质低的一个典型表现，如有研究者认为："从某种意义上说，法官人数是法官整体素质的一种量化的、外在的表现形式。一般说来，法官人数太多，通常反映出法官的整体素质不高。有人曾作过这样的推论：法官素质不高，必然产生效率低下，导致案件积压，故而要么牺牲质量求数量，要么增加法官人数，即所谓'质不够，量来凑'。"① 研究者还对法官人数过多的原因进行分析，认为有些人是不必要增加的。② 虽然这一认识仍有不同观点，③ 但法官人数与法官素质密切相关已达成共识。

第二，法官范围。社会对此问题的认识并不十分明确，"法院干警"、

---

① 李汉昌：《司法制度改革背景下法官素质与法官教育之透视》，《中国法学》2000年第1期。

② 法官人数增多的一个原因在于法院的机构设置增加，由于行政机构的变化，法院也相应的发生了变化。我国的法院一直是按照行政区划对应设置。机械的对应势必造成法院总量的不断增加。参见李汉昌《司法制度改革背景下法官素质与法官教育之透视》，《中国法学》2000年第1期。

③ 许前飞：《再论中国法官的素质》，《人民司法》2002年第1期。

"法院干部"等均属于法官。基于此种认识,法官人数甚至被统计为 30 万人。① 问卷调查也显示一般大众甚至可将法官概念泛化超出法院人员外。但此问题对大多数研究者而言并不严重。有研究者认为事实上真正从事审判工作的法官在中国 19 万余法官中比例并不高,对法定(法官法)法官概念提出质疑。②

第三,关于法官分类。基于标准不同,研究者对法官所做划分亦不相同。按照法官主体的数量不同,可分为法官群体素质(或者可以称为法官整体素质)和法官个体素质,如任群先在《司法公正文明与建设高素质的法官队伍》一文中认为,法官群体素质是个体素质的综合反映,而长期以来,对法官群体素质强调多而对法官个体素质强调少,他说:"长期以来,我们在群体素质方面做的一般性的强调不少,而对法官个体素质的重视和强调略显不足,当然这与我们历史上所形成的而且至今也没有完全解决的法官管理体制有关,但其缺漏日益突出。我们应把个体素质的提高摆到更重要的位置上来抓。"作者认为法官个体素质关系到群众对于法律的信任。

按照审级不同可以分为基层法官素质和非基层法官素质。蔡晖在《法官职业素质:从经验型到知识型》这篇文章中认为,全国每年审结的案件 90% 以上是由中、基层法院完成的。他说:"法官素质的高低,特别是中、基层法院法官素质的高低,决定了案件审理的质量和效率,也决定了人民法院职能作用发挥程度的高或低。"实际情况也是如此,全国法院有 80% 在基层。因此,对于法官素质也要区分不同的审级。李玉晶、朴海锦和秦宏的《关于提高基层法官素质的思考》一文认为,法官素质不高尤其是基层法官素质偏低。凌霄在《中国需要什么样的基层法官——基层法官素质透视》这篇论文里,分析了四级法院中基层法院的法官素质,认为我国现实中存在的基层法官素质不高带来了司法不公、司法效率低下、司法权威难以确立等问题。之后他分析了基层法官的重要性,认为基层法官的素质不容乐观,需要采取措施提高基层法官素质。范愉教授在《法律家素质及法律教育刍论》中提示,读者要注意区分不同审级的法院法官所应具备的不完全相同的职业要求。上级法院的法官可能更

---

① 许前飞:《再论中国法官的素质》,《人民司法》2002 年第 1 期。
② 同上。

注重专业知识的要求，而基层法院的法官可能更注重社会民情的把握。她说："因为基层法院和上级法院承担着不同的社会职能，解决性质不同的纠纷，往往也适用不同的程序，因此他们的能力要求和标准也应有所不同。上级法院在处理复杂的案件、其判决具有一定的判例效应的情况下，不仅要求法官有能力做好普通程序的审前准备，主持好开庭审理，准确把握事实和正确适用法律，其裁判文书的法理和逻辑也应该得到充分表述。与此相反，适用简易程序的基层法院，其职能重在解决纠纷，法官的能力应体现在如何高效地解决纠纷，以及对管辖区域的实际情况和社会规范以及民情、民意的了解，以便得到当事人的信任。"

按照法官任职的不同阶段可以分为法官任职前素质和法官任职后素质等等。实际上，前者就是法官的任职资格；后者是法官任职期间的要求。按照这一要求，则只要作为法官，就一直存在提高素质的问题，如蒋惠岭的《提高法官自身素质的义务——司法职业道德基本准则之七》一文中就持有这种观点。

2. 关于法官素质的具体内容

社会在此问题上的观点相当不同，对普通民众而言，相当一部分人认为，包公身上的品质应成为法官素质的理想标准。研究者对此问题的观点也不尽相同，概括起来可分为以下几类：

"二要素"说。有些学者认为法官素质包括两个方面，但对于两方面的要求看法却相差悬殊。一种观点认为应当包括道德素质与专业素质，如李爱君、王中梅在《法官素质与司法公正》中认为法官素质应当包括：一是公正品格的要求，具体来说就是公正的角色意识与公正的审判行为；二是具有良好的专业素质，具体来说就是法律性和程序性。一种观点认为应当是专业素质和经验，如李向阳与张明峰在《法官素质与司法公正》一文中就认为法官素质包括专业和经验，主要是要提高法官的业务素质。

"三要素"说。也存在两种不同的观点，一种观点认为三要素应是职业道德、职业技能和学识。如范愉教授在《法律家素质及法律教育刍论》一文中认为法律家素质的构成应当是以下三个：职业道德、职业技能和学识。另一种观点认为主要是政治素质、业务素质和职业道德素质，司法实务界包括法院工作报告以及司法文件中基本上持这种观点，而且这一观点得到了研究者的认同。法律、最高人民法院的工作报告和司法文件都提到

（在此之前的律师资格考试或者法官资格考试等）；三是法官培训资格等。① 凡是符合这三点之一达到掌握法学基本理论与知识的人都可以说是符合这一标准的。

第二，成为法官之后对于新法律知识的掌握，如《刑事诉讼法》与《民事诉讼法》修订对法官提出的新要求，这里的知识是要求法官随着新法律的颁布进行学习从而不断掌握新的法律知识。②

第三，专业经验标准，具体衡量的标准应当包括工作年限和处理具体案件时结合法律基本精神与规定创造性化解纠纷的能力，而这一能力最终的体现就是案件裁判结果为当事人所接受。大众标准是社会一般大众对法官素质标准，大众标准除与上述学者标准相重合外，还具有自己的特征。如其对法官的道德标准要求多为传统社会对清官的要求③，而其对现代意义上的法官标准并不熟悉。

根据对法官素质基本问题的认识，社会各界解决此问题的思路，概括而言主要包括如下方面：

社会各界认为《法官法》对改善法官素质问题至关重要，这表现两个层面：

一是实践层面，切实落实与贯彻《法官法》关于解决法官素质问题的诸项规定。关于《法官法》的相关规定前文已有介绍，下一节也将会着重分析。

二是从立法层面上进一步完善《法官法》旨在改善法官素质问题等相关文件的规定内容。正如一篇报道所言："一些法学专家指出，在现代法治社会中，法官、检察官居于重要位置。《法官法》、《检察官法》实施

---

① 严格而言，法学培训是不能算作标准的，不过，考虑到目前有相当一部分人没有接受法学教育或者通过司法考试的经历但事实上已经成为法官的现状，可以将接受在职法学教育也算作具有法学知识。可以参照的一个情况是目前中国不少开设法学高等院校规定，在研究生阶段之前未受过法学本科系统教育的学生需要接受相关法律课程的补课。法学硕士存在这样的情况。全国统一考试中的法律硕士学位原本就是为非法学本科毕业的学生开设的，因此法律硕士入学之后在很大程度上接受的也是法学本科阶段知识的补课。这样，最终在他们毕业时，也被认为具有了系统完整的法学教育。

② 有些研究者认为，法官素质包括要掌握新法的各项规定以及要转变观念如确立法官在庭审中超脱中立的地位；法官高素质应当对边缘知识具有一定深度的涉猎能力等，应当培养法官在诉讼中能够综合运用法律和其他知识的素质以及培养法官准确、逻辑性强的语言文字表达素质等。

③ "铁面无私、执法如山"这些词语均是形容传统法官的用语。

10 年来，法官和检察官队伍有了很大发展，但不容回避的是，司法队伍中确实还存在一些不容忽视的问题。这些问题需要从多方面解决，其中进一步完善法官法、检察官法，改善法官、检察官的司法环境和相应待遇非常必要。"①

此外，研究者的其他具体观点还包括：

第一，进一步加强法官的专业素质要求。有研究者认为："我国修改后的《法官法》虽然将法官的学历起点确定为大学本科以上，但存在着一个缺陷，即对法官任职的专业学历要求过于宽泛，非法律专业的人员也可以做法官。如同医生上手术台必须具有医师资格一样，对于掌握着当事人命运的法官也应当有着相称的专业资格，因此，法官的专业要求应当加强。为限制或杜绝非法律专业的人员进入到法官队伍中，应要求法官是全日制大学本科法学专业毕业并获得法学学位，通过全国统一的司法考试进行遴选。"② 还有学者认为《法官法》关于法官范围规定过宽，提出"目前存在的问题是：从过去的教训看，可以说后患无穷。建议将来修改法官法时，将第 12 条第二款中的'院长、副院长'几个字删去；在修改《地方各级人民代表大会和地方各级人民政府组织法》时，将第 22 条第二款，改为'……可以提出取得《法律职业资格证书》的人民法院院长的候选人'"。③

第二，加强对法官道德素质的培养。很多研究者已经发现法律专业素质仅仅是法官素质中的一个方面，司法不公和司法腐败现象的出现，说明法官的道德素质存在问题，尚需花费极大气力改善。

## 第二节　各级法院对法官素质问题的认识与举措

因为法官是法院的主体，所以与社会各界相比各级法院对法官素质问题更为重视。本节将主要对各级法院对此问题的认识以及具体举措进行研

---

① 吴兢：《法官法检察官法实施十年　我国法官检察官整体素质不断提高》，《人民日报》2005 年 7 月 17 日。

② 潘春玲：《严格法官资格取得制度　提高法官素质》，《柳州职业技术学院学报》2002 年第 9 期。

③ 周道鸾：《建设一支高素质的职业化的法官队伍是贯彻独立审判原则实现司法公正的关键》，《北京市政法管理干部学院学报》2002 年第 3 期。

究。首先,最高法院对此问题认识主要体现在其工作报告及所颁布规范性法律文件的规定中。下级法院对此问题基本与最高法院相同,① 但具体举措并不完全一致。

### 一　最高人民法院工作报告的相关论述

客观而言,最高人民法院从改革开放伊始,也许因为其工作性质使然对与法官有关的事宜高度敏感,因此,对法官素质问题比社会认识得更早,此点突出地体现在最高人民法院的工作报告中。

从1981年到2005年,除1982年和1987年之外,"素质"这个词语23年来在法院工作报告中共出现了112次。与"素质"连在一起的词汇如下:干部的政治素质和业务素质,干警的政治素质和业务素质,法院干部的素质,法院队伍的素质,干部素质,审判队伍素质,审判人员的政治、业务素质,法院干部队伍文化,业务素质偏低,行政审判人员的政治、业务素质,法院干警的政治、业务素质,法院队伍的政治素质,法院干部的业务素质,法官队伍的整体素质,有些法官的素质,队伍整体素质,法官的政治素质和业务素质,法官队伍政治、业务和道德素质,人员素质,法官的整体素质,法官道德素质,法官的思想政治素质和法律专业素质不高,法官的职业道德素质,基层人民法院队伍的政治和业务素质,政治素质、业务素质和职业道德素质,法官队伍的职业道德素质,等等。报告中这些与"素质"连在一起的词汇大致可以分为四类:一是表明"素质"用以适用的主体的词汇,如"干警"、"干部"、"审判人员"、"法官"、"法院干部队伍",这些词汇都是对法院人员的称谓;二是用来表述"素质"的类别,如"业务"、"专业"、"道德"("职业道德")、"政治"("思想政治")素质等。三是说明人员"素质"范围的,如"整体"、"一些";四是表明人员"素质"程度的,如"高"、"较高"、"偏低"等。

最高人民法院工作报告中对法官素质问题的表述反映出如下规律:

第一,最高人民法院在改革开放从其重新恢复之际起对法官素质问题就有所认识,而此后的20多年里一直持续关注,经过历史的发展,这种认识不断得以深化。1978年到1983年,这一时期中国刚刚结束"文化大革

---

① 需要说明的是,各级人民法院对其同级人民代表大会所做的工作报告,从笔者所翻阅的情况看,基本与最高人民法院大同小异,表述几乎完全一致。

命"，百废待兴，国家政治生活逐渐恢复正常，在"文化大革命"中被破坏的法院机构重新恢复，法院建设逐渐转入正轨，包括法院人员结构的各项内容初步得到发展。人民法院的工作中心在于审判工作，前期主要是清理历史遗留问题；后期是审理当时的现实案件。法院还没有更多的时间和精力关注其内部机构以及人员建设，但最重要的或许还是相关知识积累不够。①此时人民法院对其内部人员还没有明确的分类，"法官"一词还没有成为法院的正式用语。法院对于其工作人员多使用以下称谓："司法干警"、"司法干部""办案人员"及"人民法官"。这一时期的案件量不大，类型比较单一，主要是刑事、民事与经济案件，对于审判人员而言不需要太复杂的业务文化知识。人民法院这时主要强调审判人员能够完成审判任务，对其所要具备的专业要求不高。

　　第二，法院对法官素质问题的主体范围的认识是不断明确的。如上所述法院对于其人员的认识有一个历史的变化过程，刚开始并没有限定人员素质的具体范围，只要是在法院工作的人都要提高素质，后来逐渐意识到法院应当致力于法官素质的提高。当然，这并非说法院其他人员的素质不需提高。只是说法官素质应当成为法院提高的重点，对其他人员而言，可比照法官进行。事实上法院也是这样做的。②

　　第三，法院对法官素质的具体内容范围不断扩大。江华在1983年的报告中说："实践证明，审判人员具有良好的政治素质是必要的，但这是不够的，还必须有一定的法律专业知识和科学文化水平③，否则是难以担

①　笔者阅读最高人民法院的工作报告时有一点感受颇深，就是法院对于审判等工作的认识是随着社会发展、司法机构的建设不断深化的。

②　如《法官法》第52条规定：对人民法院的执行员，参照本法有关规定进行管理。人民法院的书记员的管理办法，由最高人民法院制定。对人民法院的司法行政人员，依照国家有关规定进行管理。由此可以推出其他法院工作人员是比照法官进行管理的，因此对其的要求也要比照法官。当然，从工作性质而言，不同的法院工作人员的要求是不同的，在这种情况下，具体素质的标准显然不能完全相同。

③　把法律专业知识与科学文化水平即文化知识并提在报告中并不多见，实际上，在许多论述法官素质的文章就是按照这一区分对法官提出了要求。而且在《法官法》中对此也做了区分，该法第9条第6款规定：高等院校法律专业本科毕业或者高等院校非法律专业本科毕业具有法律专业知识，从事法律工作满二年，其中担任高级人民法院、最高人民法院法官，应当从事法律工作满三年；获得法律专业硕士学位、博士学位或者非法律专业硕士学位、博士学位具有法律专业知识，从事法律工作满一年，其中担任高级人民法院、最高人民法院法官，应当从事法律工作满二年。这样做是有一定道理的，因为法律知识属于专业知识，而文化知识可谓一个人接受专业知识的基础，若没有后者，就无法获取前者，但是从本质上这两种知识都属于一种类型。

负起越来越繁重的审判工作任务的。"这说明人民法院已经认识到审判人员仅仅有政治素质是不行的,① 应当在专业审判方面对审判人员提出要求。对于法官素质的具体要求也从比较笼统发展为非常明确。如 1985 年,"为了提高法院干部的素质,最高法院正采取多种途径,对在职干部进行培训";1989 年,"为了适应改革开放的新形势和全面开展审判工作的需要,最高人民法院采取一系列措施,改革和加强法院干部的教育培训工作,大力提高审判人员的政治、业务素质";1990 年,"全国法院广大干警坚持四项基本原则,坚持改革开放,严肃执法,政治素质和业务素质都有了较大的提高";1991 年,"通过各种形式、多渠道的业务培训,使广大法院干警的政治、业务素质有了明显提高";1992 年,"人民法院严肃执法,关键是要全面提高审判人员的政治素质和业务素质";1994 年,"加强干部教育培训工作,努力提高政治素质和业务素质,坚持做到有法必依,执法必严,违法必究";1995 年,"审判人员的政治和业务素质有待于进一步提高";1998 年,"全国法院把法官的教育培训工作作为一项战略任务,制定和落实教育培训规划,采取有效措施,努力提高法官的政治素质和业务素质,五年共培养高级法官及其后备人才 1520 人,获得大专以上学历的 9.8 万人"。这说明在 2000 年以前,法院主要关心的是法官的业务素质和政治素质,这之后,又增加了职业道德素质,如 2000 年,"一年来,最高人民法院大力表彰先进集体和个人,通过先进典型的示范作用,影响和带动了队伍政治、业务和道德素质的提高";2005 年,"加强人民法院基层建设,重点是提高基层法院法官的政治素质、业务素质和职业道德素质,提高审判质量和水平"。这说明法院最终形成了对法官的政治、业务和职业道德三方面进行要求的认识。实际上《法官法》第 9 条对法官必须具备的任职条件第 2 款第 4 项的规定就是要有良好的政治、业务素质和良好的品行。

第四,法院虽然未明确说明法官素质问题产生的原因,但是在若干年的报告中有过这样的论述:

在《法官法》颁布前最高人民法院的认识是:"人民法院的建设虽然

---

① 这与新中国成立后的司法政策有关,在相当长的时间里,由于司法机关是专政的工具,因此政治要求是第一位的。实际上,即使到了现在,政治要求也是考量法官最为重要的因素,2003 年的法院工作报告说法院"把提高思想政治素质放在首位"。

有明显的进展，但是，目前审判人员数量仍然不足①，素质不适应形势发展的需要"（1984 年），"人民法院的经济审判队伍，在数量和素质方面都远不能适应形势的发展"（1985 年），"为了适应改革开放的新形势和全面开展审判工作的需要，最高人民法院采取一系列措施，改革和加强法院干部的教育培训工作，大力提高审判人员的政治、业务素质"（1989 年）；在《法官法》颁布实行之后，人民法院的认识是："有些法官的素质还不能适应形势发展的需要"（1996 年），"法官队伍的整体素质和司法水平尚不适应形势发展的需要"（1997 年），"法院队伍的整体素质还不适应法制建设发展的需要"（1998 年），"法官队伍的整体素质和司法水平尚不适应形势发展的需要"（1998 年），"在队伍建设方面，一些法官的法律专业知识、审判工作能力不适应审判方式改革和形势发展的要求，素质亟待提高"（2000 年），"在审判任务越来越重、案件大幅度上升与人力不足、法官素质不适应的矛盾日益突出的情况下，一些法院没有下大力气抓好法官队伍的教育培训，法官素质提高不快，难以保证审判质量和提高审判效率"（2001 年），"人民法院工作离人民群众的要求还有相当差距。主要是：一些法官素质不高，法律适用水平低，驾驭审判活动能力差，不能适应形势发展需要"（2002 年），"在肯定成绩的同时，我们清醒地看到，人民法院工作离党和人民的要求还有相当的差距，一些长期存在的问题还没有得到根本解决。主要是：一些法官素质不高，不能胜任高度专业化的审判工作，办案水平低，超审限办案问题依然存在"（2003 年）。这说明，在最高人民法院看来，法官素质问题是不能适应审判工作、形势发展而产生的，同时也是由于法院工作离党和人民的要求还有相当的距离造成的。

第五，自从 2001 年之后，全国人大常委会在审议最高人民法院工作报告通过决议中，明确要求人民法院继续提高法官素质。2000 年的人大决议说："会议要求，最高人民法院要坚持不懈地抓好队伍建设，进一步提高法官的政治和业务素质，坚决清除司法队伍中存在的腐败现象。"2001 年是"坚持不懈地提高法官的政治业务素质和职业道德，自觉接受人民群众的监督，解决队伍建设中存在的问题，清除法院队伍中的腐败现

---

① 值得注意的是，这 20 年当中，人民法院对于其人员的数额的认识存在变化，在刚刚恢复法院机构的时候，审判人员的缺乏导致法院希望能够多进人。笔者将在后文对此作出分析。

象"。2002 年是"会议要求，在新的一年里，最高人民法院要按照依法治国、建设社会主义法治国家的要求，依法履行审判机关职能，进一步做好各项审判工作和执行工作，公正司法，深化法院改革，改进作风，提高效率，自觉接受人民群众的监督，努力提高队伍素质，切实加强廉政建设，为社会主义现代化建设和社会稳定提供有力的司法保障"。2003 年是"会议要求，最高人民法院要以邓小平理论和'三个代表'重要思想为指导，认真贯彻落实党的十六大精神，按照依法治国、建设社会主义法治国家的要求，严格依法履行审判机关职能，全面加强各项审判工作和执行工作，进一步提高法官的政治业务素质和职业道德素质，解决队伍建设中存在的问题"。2004 年是"要大力加强基层法院建设，努力提高法官的政治素质、业务素质和职业道德素质，不断开创法院工作新局面"。

第六，法院解决法官素质问题的措施主要有进行培训教育、改革法院管理体制等方式进行。具体情况如下：

首先是加强培训教育。早在 1981 年报告就提出："各级人民法院要加强对在职干部的轮训工作，提高干部的政治素质和业务素质。"1985 年报告认为："进一步提高办案的质量和效率，更好地完成审判任务，最根本的保证是提高法院干部的政治素质和业务素质"，"为了提高法院干部的素质，最高法院正采取多种途径，对在职干部进行培训。"1991 年报告："通过各种形式、多渠道的业务培训，使广大法院干警的政治、业务素质有了明显提高。"1993 年报告："为了提高法院干部的业务素质，继创办全国法院干部业余法律大学之后，最高人民法院和国家教委联合成立了中国高级法官培训中心，实行了'法律（审判）专业证书'教育制度，有计划地开展了岗位培训、岗前培训。"1995 年报告："加强法院干部业务培训工作，通过学习培训，广大审判人员的业务水平有了提高，并培养一批高水平、高素质、高层次的法官。"1996 年报告："针对法官队伍的专业结构、业务素质与法官法的要求还有差距的情况，各地法院普遍加强了对法官的教育培训工作。"1997 年报告："加强队伍建设，提高法官素质"，"加强业务建设。为了适应审判工作发展的需要，提高法官队伍的业务素质，各级人民法院按照法官法的要求，采取办培训班、开研讨会等形式，大力开展岗位培训，不断补充和更新知识"。2001 年报告："开展职业道德和纪律作风教育，加强对法官道德素质的培养。""以提高法官素质为根本，大力加强和改进法官培训工作。"

其次，改革法官管理体制。其一是法官选任制度。在初任法官的选任方面，建立从社会高层次法律人才中公开招考法官的制度和从基层逐级选拔法官的制度，如1999年，"今年改革的重点是：……改革法官人选的考试考核办法，建立从社会高层次法律人才中公开招考法官的制度和在经过基层锻炼与考验的司法人员中逐级选拔法官的制度，把好进人关，提高法官素质……" 2000年，"为广泛吸收人才，提高法官队伍素质，最高人民法院积极推行从优秀律师和高层次法律人才中选任法官、上级人民法院法官从下级人民法院法官中择优选任的做法，并进行了有益的尝试"。其二是对法院人员进行分类管理，具体而言就是书记员与法官分离。肖扬在2004年报告中说："为提高法官素质，解决书记员和法官职能混淆的问题，我院会同中组部、人事部发布《人民法院书记员管理办法（试行）》，实现了书记员单独序列管理，为进一步实行法院内部各类人员的分类管理打下基础。"

最后，通过树立先进模范，发挥示范作用。如2000年报告说："一年来，最高人民法院大力表彰先进集体和个人，通过先进典型的示范作用，影响和带动了队伍政治素质、业务素质和道德素质的提高。"

上述这些举措最终通过制定《法官法》，推行法官职业化的方式固定了下来。早在1989年报告就提出"制定《法官法》，是对现行法院审判人员管理体制的重大改革，其目的在于能更好地保证审判队伍素质的提高"。而在2003年报告认为："五年来，最高人民法院努力探索提高法官素质的有效途径。在总结历史经验的基础上，针对法官队伍现状，提出要大力加强法官职业化建设，把提高思想政治素质放在首位，严格职业准入，强化职业意识，培养职业道德，提高职业技能，树立职业形象，加强职业保障，完善职业监督，造就一支政治坚定、业务精通、作风优良、司法公正的法官队伍。"

## 二　最高人民法院的举措

最高人民法院改善法官素质问题的措施主要表现为：围绕《法官法》，将其规定的基本原则细化，使其更具操作性。为直观了解这一情况，笔者制作了"改革开放以来有关法官素质改善主要规范性法律文件统计表"（见表5-1）。

表 5 – 1　　　改革开放以来有关法官素质改善主要规范性法律文件统计表

| | 法 律 法 规 | 颁布时间 | 颁布机关 |
|---|---|---|---|
| 1 | 《中华人民共和国法官法》 | 1995 年 2 月（2001 年 6 月修订） | 全国人大常委会 |
| 2 | 《最高人民法院关于学习、宣传、贯彻法官法的通知》 | 1995 年 3 月 | 最高人民法院 |
| 3 | 《人民法院审判人员违法审判责任追究办法（试行）》 | 1998 年 8 月 | 最高人民法院 |
| 4 | 《人民法院五年改革纲要》 | 1999 年 10 月 | 最高人民法院 |
| 5 | 《最高人民法院关于充分发挥审判职能作用为经济发展提供司法保障和法律服务的意见》 | 2000 年 3 月 | 最高人民法院 |
| 6 | 《法官培训条例》 | 2000 年 10 月 | 最高人民法院 |
| 7 | 《中华人民共和国法官职业道德基本准则》 | 2001 年 10 月 | 最高人民法院 |
| 8 | 《最高人民法院最高人民检察院关于在部分地方放宽担任法官检察官学历条件的通知》 | 2002 年 1 月 | 最高人民法院最高人民检察院 |
| 9 | 《人民法院司法警察警衔工作管理细则》 | 2002 年 5 月 | 最高人民法院 |
| 10 | 《最高人民法院关于加强法官队伍职业化建设的若干意见》 | 2002 年 7 月 | 最高人民法院 |
| 11 | 《人民法院执行工作纪律处分办法》 | 2002 年 9 月 | 最高人民法院 |
| 12 | 《最高人民法院关于严格执行中华人民共和国法官法惩戒规定的通知》 | 2003 年 2 月 | 最高人民法院 |
| 13 | 《最高人民法院关于严格执行中华人民共和国法官法有关惩戒制度的若干规定》 | 2003 年 6 月 | 最高人民法院 |
| 14 | 《全国人民代表大会常务委员会法制工作委员会关于审判员能否随届任免问题的答复意见》 | 2003 年 7 月 | 全国人大常委会 |
| 15 | 《人民法院司法警察值庭规则》 | 2003 年 7 月 | 最高人民法院 |

续表

| | 法 律 法 规 | 颁布时间 | 颁布机关 |
|---|---|---|---|
| 16 | 《人民法院书记员管理办法（试行）》 | 2003 年 10 月 | 最高人民法院 |
| 17 | 《人民法院司法警察押解规则》 | 2003 年 11 月 | 最高人民法院 |
| 18 | 《最高人民法院、司法部关于规范法官和律师相互关系维护司法公正的若干规定》 | 2004 年 3 月 | 最高人民法院司法部 |
| 19 | 《最高人民法院关于增强司法能力提高司法水平的若干意见》 | 2005 年 4 月 | 最高人民法院 |
| 20 | 《人民法院第二个五年改革纲要（2004—2008)》 | 2005 年 10 月 | 最高人民法院 |

表 5－1 表明，法院解决法官素质问题始于 20 世纪 90 年代中后期，进入 20 世纪以来举措显著增多。由前文可知，这亦符合法官素质问题在中国发展的实际轨迹。

法院文件主要以法官法为基本原则，涉及法官素质问题解决内容主要包括：

第一，法官本身问题，又包括：

其一，确定法官员额数量。如第一个《人民法院五年改革纲要》规定："对各级人民法院法官的定编工作进行研究，在保证审判质量和效率的前提下，有计划有步骤地确定法官编制。"第二个五年改革纲要规定："根据人民法院的管辖级别、管辖地域、案件数量、保障条件等因素，研究制定各级人民法院的法官员额比例方案，并逐步落实。"

其二，确定法官范围，即试行书记员单独序列，在实践中推行法官助理等。人民法院的两个五年改革纲要均对此有规定。1999 年 10 月 20 日，祝铭山在《关于〈人民法院五年改革纲要〉的说明》中说："目前，人民法院内设机构设置不尽合理。主要表现为职能交叉、机构重叠，司法行政人员占编比例过大，办事效率不高，直接影响了审判工作的开展。为此，《纲要》第 24 条、第 25 条提出了进一步明确审判部门的职责范围和业务分工；精减和合并职能重叠的司法行政管理部门；确定审判部门与司法行政管理部门的人员比例的改革方案。"《人民法院第二个五年改革纲要

(2004—2008)》第34条规定：推进人民法院工作人员的分类管理，制定法官、法官助理、书记员、执行员、司法警察、司法行政人员、司法技术人员等分类管理办法，加强法官队伍职业化建设和其他各类人员的专业化建设。建立符合审判工作规律和法官职业特点的法官职务序列。在总结试点经验的基础上，逐步建立法官助理制度。

第二，法官专业素质，主要是继续改善法官文化与专业素质，提高法官学历，重视法官的法律知识与经验。相关的具体措施为：

其一，继续进行法官选任制度改革，人民法院第二个五年改革纲要对此有比较详细的规定。例如，在初任法官选拔方面，"探索在一定地域范围内实行法官统一招录并统一分配到基层人民法院任职的制度"；在法官晋升方面，"逐步推行上级人民法院法官主要从下级人民法院优秀法官中选任以及从其他优秀法律人才中选任的制度"；在法官退休方面，"落实法官法的规定，与有关部门协商，推动建立适合法官职业特点的任职制度。在保证法官素质的前提下，适当延长专业水平较高的资深法官的退休年龄"。

其二，加强法官培训，包括任前培训与在职培训，颁布了《法官培训条例》，第二个五年改革纲要对此亦有规定。第39条规定："建立法官任职前的培训制度，改革在职法官培训制度。初任法官任职前须参加国家法官学院或者其委托的培训机构组织的职业培训。改革法官培训的内容、方式和管理制度，研究开发适合法官职业特点的培训课程和培训教材，改革法官培训机构的师资选配方式。"

其三，改革法官内部管理方式，如第二个五年改革纲要提出："加强不同地区法院之间和上下级法院法官的交流任职工作，推进人民法院内部各相近业务部门之间的法官交流和轮岗制度。"

第三，法官职业道德素质，这一问题成为近年来法院解决法官素质问题的重点。

表5-1中有近一半文件都涉及此问题。这表明现实中法官道德素质问题突出，法官职业道德素质急需加强。同时也间接反映出中国当前的司法腐败或司法不公现象不仅存在，而且程度相当严重。事实上，人民法院对此问题有相当清晰的认识。2005年4月1日，最高人民法院发布《关于增强司法能力提高司法水平的若干意见》指出："多年来，人民法院工作不断取得明显的进展，但依然还有这样或那样的问题制约着人民法院工

作的发展，主要表现为正确适用法律的水平还不够高，解决矛盾的本领还不够大，公正裁判的能力还不够强，司法作风还不够过硬，人民群众反映强烈的一些案件裁判不公、效率不高等问题还没有彻底解决，少数法官办'关系案'、'人情案'、'金钱案'的现象还屡禁不止。"

第四，加强法官政治素质。最高人民法院在 2005 年 4 月 1 日发布的《关于增强司法能力提高司法水平的若干意见最高人民法院》提出："人民法院增强司法能力、提高司法水平的指导思想是：在以胡锦涛同志为总书记的党中央领导下，以马列主义、毛泽东思想、邓小平理论和'三个代表'重要思想为指导，按照全国政法工作会议提出的增强五个方面的执法司法能力的要求，以'公正与效率'为主题，以司法为民为基点，以司法体制改革为动力，以人民法院基层建设为基础，以建设高素质法官队伍为保证，全面增强司法能力、提高司法水平。坚持上述指导思想，关键在于始终坚持依靠党对法院工作的领导。"

为使法官更好地履行职责，人民法院也提出要逐步改善法官身份保障制度，两个五年改革纲要均对此所规划，如第一个五年改革纲要提出："加强法官的职业保障。要从制度上确保法官依法履行职权，维护司法公正。第一，保障法官的职业权力。法官应当依法独立公正行使审判权，坚决排除行政机关、社会团体和个人的干预，坚决排除地方和部门保护主义的干扰。同时，也要杜绝法院内部的行政干预，落实合议庭、独任法官对案件作出裁决的权力。第二，保障法官的职业地位。法官一经任用，除正常工作变动外，非因法定事由，非经法定程序，不得被免职、降职、辞退或者处分。各级人民法院特别是上级人民法院要坚决支持法官严格依法办事，支持他们依法履行职责。第三，保障法官的职业收入，逐步提高法官待遇，增强法官职业的吸引力，维护法官职业应有的尊荣。"第二个五年改革纲要提出："落实法官法的规定，推动适合法官职业特点的任用、晋升、奖励、抚恤、医疗保障和工资、福利、津贴制度的建立和完善。在确定法官员额的基础上，逐步提高法官待遇。"①

最高人民法院院长肖扬在一篇有关法官职业化的文章中认为："贯彻落实法官法，完善法官制度，建立一支高素质的职业化法官队伍应当以法官职业化为主线，改革法官培养机制；落实宪法和法律规定的'法官提

_____

① 《人民法院第二个五年改革纲要（2004—2008）》，2005 年 10 月 26 日。

名制度',扩大法官选任程序的公开性、广泛性;完成法官员额确定工作,提高法官队伍的素质,为其他各项改革奠定基础;建立健全法官辅助人员制度,最大程度地发挥现有优秀法官的作用;改革法官惩戒制度,建立适合法官职业特点和司法工作规律的惩戒程序;加强对法官的职业道德约束,建立强有力的实施机制。"[1] 这段话可作为法院解决法官素质问题举措的总结。

### 三 地方各级法院举措

中国各级地方法院与最高人民法院在解决法官素质问题大的思路方面并无二致,本节只就具有地方特色的方面简要讨论。

首先,在法官文化素质方面,有些地方人民法院依然对法官学历情有独钟,如某地方高级人民法院明确提出:"全面提高法院队伍审判业务水平与专业学历层次,培养造就一大批高水平、高层次、高素质的专家型法官和'一专多能'的复合型人才,形成由多种层次和知识结构合理构成的人民法官队伍。"[2]

其次,在法官专业素质方面,有些省份明确对《法官法》七类法官中部分人员任职资格做了明确规定,如"庭长、副庭长应当具有大专以上法律专业毕业或者大专以上非法律专业毕业但具有法律专业知识,并有三年以上的审判工作经验"[3]。

再次,在法官道德素质方面,提出要加强法官廉政建设,坚决反对和防止司法腐败现象,对法官行为进行规范。福建省提出:加强队伍的廉政建设,坚决反对和防止司法腐败现象。严禁审判人员在诉讼活动中私自会见当事人及其代理人;严禁审判人员在办案中接受当事人及其代理人的请客送礼以及他们提供的吃、住和交通、通信条件;严禁办"人情案"、"关系案"、"金钱案"。认真落实"收支两条线"和政法机关不再从事经商活动的规定,规范财务收支行为,依法收取诉讼费用,严禁从事任何经营性活动。完善内部监督机制,建立健全严格的制约制度和行为规范,严

---

① 肖扬:《法院、法官与司法改革》,载万鄂湘主编《中国司法评论》2003 年春之卷,人民法院出版社 2003 年版。

② 《福建省高级人民法院关于实施依法治省决议的方案》,1998 年 9 月 25 日,福建省第九届人民代表大会常务委员会第五次会议批准。

③ 《广西壮族自治区人民法庭工作条例》,广西壮族自治区人大常委会 1995 年 11 月 14 日。

肃查处贪赃枉法、索贿受贿、徇私舞弊、泄露审判秘密等违法违纪问题，对违法违纪审判人员，严格按《法官法》和《人民法院审判纪律处分办法》等有关规定进行处理，涉嫌犯罪的及时移送司法部门依法处理。坚持不懈地开展队伍教育整顿和执法检查，完善法官违法违纪投诉制度，认真办理投诉举报事项。①

最后，在法官管理体制方面，有地方法院提出将竞争体制引入法官人事制度中。如"完善竞争激励机制，改革法院现行人事管理制度。根据法官法的要求，进一步完善各项法官管理制度，真正形成一个能进能出、能上能下，使优秀人才能够脱颖而出的人事管理体系。坚持'公开、平等、竞争、择优'的原则，把优秀年轻干部选拔到审判岗位和领导岗位上来。通过法官等级评定和法官法各项配套措施的实施，充分调动审判人员的积极性。对调入法院工作的人员，要实行岗前培训。对不适应审判工作的，要离岗培训，限期提高；对不能胜任审判工作的，要调离审判岗位。加强法院内部的干部交流，使广大干警在不同的岗位上得到锻炼和提高"②。还有些法院提出了一系列衡量法官素质的指标，贵州省高级人民法院出台了《贵州省法院系统审判水平评价指标（试行）》，作为综合评价、考核各级法院审判水平的统一标准。该评价指标包含司法理念、办案效果、审判质量和效率三个方面内容。在司法理念上，要求树立现代司法理念，做到裁判中立、司法公开、权利平等、法制统一。在办案效果上，要求在审判工作中做到"讲政治、顾大局，以事实为依据，以法律为准绳，以党和国家的方针政策为指导，以'三个有利于'和'三个代表'重要思想为客观标准，一切从实际出发，实事求是地审理好每一件案件，使所办的案件达到法律效果和社会效果的有机统一"。在审判质量和效率上，则从法官人均结案数、审限内结案率、公开开庭率、调解率、简易程序适用率、当庭宣判率、上诉率、二审维持率、二审改判发回率、再审改判率、审判程序合法率、归档率12项指标上进行考核。③

---

① 《福州市中级人民法院关于实施依法治市决议的方案》，颁布单位：福州市人民代表大会常务委员会，颁布日期：1998年10月30日。

② 《福建省高级人民法院关于实施依法治省决议的方案》，1998年9月25日福建省第九届人民代表大会常务委员会第五次会议批准。

③ 《贵州出台〈法院系统审判水平评价指标（试行）〉》，中国法律信息网（http://www.law-star.com），最后访问日期：2006年7月15日。

#### 四　得失考量

法院关于法官素质问题举措不可谓不多，这也说明法院一直致力于此问题的解决。绝大部分措施，不能不说是有的放矢，针砭时弊，的确有助于改善法官素质。上述大多数举措确实具有积极意义，但至今此问题并非得以真正解决，除复杂的外部原因外，不能不归为法院目前在此方面的解决思路存在偏差。

法院举措的要义主要是以按照法官职业标准的内容来塑造法官素质。这本来是法院的分内职责，无可厚非。但问题是法院当前对法官职业标准理解存在偏差，准确地说在实践中陷入了误区。具体而言，法院在相当长一个时期对法官专业知识素质宠爱有加，但却忽视法官专业经验素质，而对法官职业道德素质，尽管从表面上看似重视（颁布多部法律文件即是明证），但实际上社会大众的感觉却是"雷声大，雨点小"。换言之，法官素质的内涵包括专业素质与道德素质，如只对某一方面关注远远是不够的，必须全面努力改善方能真正解决问题。

此外，法院的具体措施也存在缺乏可操作性的问题。如法官从下级法院向上级法院晋升、提高法院物质待遇等。在当前法院人事权与财权受制于各地政府的情况下，若无行政机关的大力配合，很难想象这些措施可以变为现实。实际上，此措施已超出当下最高人民法院的掌控范围，因此，不具有操作性。

最后，法院对法官职业定位不准确。要求法官竞争上岗的做法明显违背了法官职业的基本特性。

## 第三节　当代中国法官素质问题的
## 实质及未来趋势

通过上文对问题的讨论，本书认为当代中国法官素质问题的出现根本原因在于社会的整体变迁。换言之，经济、政治以及文化等社会因素的变化从根本上引发了法官素质问题。具体而言，改革开放以来，社会变迁引发了诸多变化，纠纷增多且类型日益多样化，立法数量也大为增加，新中国建立的相对稳定的非诉讼解决机制解体，法院纠纷解决功能凸现，受理的案件数量急剧上升，与以往相比，法院面临的审判形势压力明显加大。

法院自身内部也不断进行包括审判方式、管理体制等全方位的改革，在此种情况下，与以往相比，法官素质具体内容发生了改变，素质标准日益提高。法官素质问题是司法与社会在新的历史条件下不相适应的反映，进而言之，此问题体现出中国法官尚未真正承担起社会对他们的期望，或者说，中国法官素质尚不能满足社会在新的历史条件下对其提出的新要求。

就法官素质问题本体而言，首先在具体内容方面，以法官职业标准而观，以往对法官专业素质尤其文化知识素质过于关注。虽然历史上中国法官专业素质长期处于被忽视的状态。但文化素质并非唯一的素质。法官素质还包括道德素质，尤其是职业道德素质。对法官而言，职业道德素质至关重要。当前，司法腐败已成为不争的事实，这也在客观上要求法官道德素质的改善。因此加强法官道德素质尤显重要。但迄今为止，中国法官专业与道德素质标准在制度上均未完全得以保障。中国当前的法官遴选制度尚未真正从法律层面（《法官法》规定）落实到实践层面，即使法律层面也有需要进一步按照更加符合法官职业特殊性原则修订。如培训制度也未发挥保障法官素质的作用，在职培训制度尚存不足，任前培训也未完全建立。从法官管理制度而观，惩戒制度重惩戒而轻保障，法官身份制度真正建立尚需时日。总之，从法院体制以及法官体制而言，法官素质的保障在制度上还有诸多问题需要解决。因此，在此意义上而言，法官素质问题可以说是中国法院改革以及法官职业化过程中出现的问题。

从法官职业外部评价标准来看，近年来法院颇受社会诟病的即是司法不公与司法腐败。而具体到法官素质方面，社会最为不满的即是法官道德素质不尽如人意。[①]

法院对法官素质问题的解决不可谓不下功夫。但正如上文所言，近年来法院采取的多项有关法官素质问题的举措之所以收效不理想，与其解决的思路陷入误区有关。具体而言，社会是因为司法腐败的存在而对法官道德素质极为不满，但法院的举措重点却落脚在法官的专业素质尤其以学历为象征的文化素质。这就意味着法院的举措与其所要解决的问题南辕北辙，换言之，法院目前是"搭错车"了，这样的乘车方式难以到达解决法官素质问题这一目的地。但问题的复杂性在于，法官道德素质尤其职业

---

① 社会更为关心法官行为以及司法裁判结果。而法官司法行为是其道德素质的外在体现。因此，法官应当尽量改善自己的道德素质。

道德素质的养成，需要行业自律，即法官秉持道德良知，行为端正。达此目的又需要法官制度尤其法官身份保障制度的建立与完善。身份保障制度的真正确立，并非法院本身可以完成，需要社会全体成员的理解、配合与支持。而在目前的情况下，社会对法官素质现状并不满意，此制度便无法进一步完善。可见，中国法官素质问题陷入了一种怪圈、一种恶性循环的尴尬境地，其解决绝非一日之功。

在当前情况下，法官素质问题的解决思路大致可从两方面努力：

一方面，对法院而言，要"有所为"与"有所不为"：

"有所为"是指法院改善法官素质方面要扭转以往过于重视以学历为代表的法官文化素质的倾向，全面理解法官素质的内容，在实践中真正加强对法官经验、道德等素质的要求。换言之，法院要尽其所能改善法官素质的所有内容。对法官个人而言，也要自觉全面提升法官素质尤其道德素质，包括言谈举止符合法官职业基本要求，如对当事人的态度方面，尽量注意礼仪，此乃为长者折枝，能为也；若不为，则是不愿为也，这便说不过去。"有所不为"是指法院应当意识到改革的界限，止步于自己并无能力而需外力才能改变的事情。如法官从下往上晋升的制度，在当前的现实情况下单凭法院的力量远远不够。当然何为"可为"，何为"不可为"，具体措施，需要法院斟酌损益，仔细考量。

另一方面，社会也要认识到法官素质的改善需要全体成员支持甚至参与。在法官素质改善的情况下，可为其提供真正身份保障措施，如提供给法院独立的人事管理权。① 另外，社会也要逐步认识现代司法的本质并非对实质正义的追求，② 理解、体谅乃至一定程度地容忍法官素质中那些中国社会陌生但符合现代法治理念的意涵。

从目前看，中国法官素质主要问题在于其各个组成部分发展不平衡，整体而言并不理想，如果中国社会包括法院在内的各界能够采取举措以促进法官专业与道德素质尚存问题的解决，那么法官素质问题最终定会成为

---

① 这亦是落实宪法规定，贯彻党的十六大文件精神的举措。具体做法，可分步进行。首先，由最高法院负责高级法院的人事管理，之后高级法院负责下级法院的人事权。最终走向最高法院管理全国法官的人事。而最高法院在财权的独立，做法恰可相反，有下往上逐渐过渡。今日中国的财政力量已今非昔比，外汇总额已突破 2 万亿美元，而如何消费此巨额费用正在讨论，如果能够确定中国的职业法官员额，其所需费用，从中提取一点应当不难，这也应当算是物有所值吧。

② 但并非在现代社会不可实现，非诉讼纠纷解决机制也有可能提供实质正义。

历史陈迹，消失在大众的视野里。

## 第四节　观念转型——从"提高法官素质"到"改善法官素质"

　　通过对当代中国法官素质问题研究，可发现此问题的出现与现状是极其复杂的。时下流行的解决法官素质问题的口号——"提高法官素质"其实反映了对这一问题认识的一种普遍的简单化倾向。"提高"意味着从低到高，而判断高低的标准必须明确。标准不明确，何谈提高？但通过本书的分析，可知法官素质判断标准实际上是二元的，既有法官职业外部评价标准，也有法官职业标准，这两个标准在当下中国是混杂在一起的，存在很大的差异、矛盾与冲突。标准不具有唯一性与确定性，又怎样断定法官素质从低到高呢？这样说，并非抠字眼，而是表明这一问题的复杂性。

　　法官素质在当代中国的确出了问题，但绝非一个简单的低或高的问题，实际上本书通篇的论证说明：法官素质问题深刻地反映了转型时期的中国司法方面出现的种种需要假以时日、认真解决的问题。从目前看，尚不存在一劳永逸、操作简单的短平快的解决问题的方法。中国法官素质问题的解决势必是一个漫长的历史过程。其间，不仅需要法官的努力、法院的努力、法学界的努力，还需要整个社会的努力，甚至社会的参与更为重要。

　　因此，在本书的最后，作者或许提不出什么具体的灵丹妙药来解决这一现实层面迫切需要解决的问题，如果非要提，那么作者愿意提出这样的口号——"改善法官素质"。法官素质问题将在相当长时期存在，我们能做的就是不断改善法官素质，而非简单地提高法官素质。"改善"与"提高"不同，"改善"是"改变原有情况使好一些"[1]，"提高"是"使位置、程度、水平、数量、质量等方面比原来高"[2]。提高即从低向高，反映出的思维是单线条的、一维的、单向度的，而改善是从不好向好，反映出的思维是多维的、复式的、多视角的。从语义而言，"改善"可容纳

---

　　[1]　中国社会科学院语言研究所词典编辑室编：《现代汉语词典》，商务印书馆 1983 年第 2 版，第 351 页。
　　[2]　同上书，第 1128 页。

"提高"，"提高"却不包括"改善"。问题的复杂性决定了认识问题视角的多重性，只有通过多种方式，综合治理，中国当代的法官素质问题才能得到真正的、快速的、妥善的解决。因此，"从提高法官素质"到"改善法官素质"并非语词的表面转化，而是社会整体对法官素质问题思维方式的转换。

在作者看来，对于法官素质问题的复杂性与长期性，整个社会还需要更为深入的认识。除部分法院人员与研究者外，中国社会大多数人尚未真正认识到法官素质问题不仅需要法院、法官自己的努力，更需要社会整体的参与与努力。不仅是法官素质问题，中国的司法问题，扩展至法治国家实现的问题，都需社会整体的关注、参与乃至支持。

# 参考书目

一　中文著作

1. 《毛泽东选集》第1—4卷，人民出版社1991年版。

2. 《邓小平文选》第1—3卷，人民出版社1993—1994年版。

3. 《董必武法学文集》，法律出版社2001年版。

4. 孙国华：《法理求索》，中国检察出版社2003年版。

5. 吕世伦：《西方法律思潮源流论》，中国人民公安大学出版社1993年版。

6. 朱景文：《比较法社会学的框架和方法——法制化、本土化和全球化》，中国人民大学出版社2001年版。

7. 朱景文：《比较法总论》，中国人民大学出版社2004年版。

8. 范愉：《非诉讼纠纷解决机制研究》，中国人民大学出版社2000年版。

9. 刘作翔：《法理学视野中的司法问题》，上海人民出版社2003年版。

10. 龚刃韧：《现代日本司法透视》，世界知识出版社1993年版。

11. 张培田：《法与司法的演进及改革考论》，中国政法大学出版社2002年版。

12. 杨永华：《陕甘宁边区法制史稿》（宪法、政权组织法篇），陕西人民出版社1992年版。

13. 蔡定剑：《历史与变革——新中国法制建设的历程》，中国政法大学出版社1999年版。

14. 康均心：《法院改革研究——以一个基层法院的探索为视点》，中国政法大学出版社2004年版。

15. 高洪宾：《司法改革的理论与实践研究》，人民法院出版社2004年版。

16. 孙谦、郑成良主编:《司法改革报告——中国的检察院、法院改革》，法律出版社 2004 年版。

17. 左卫民等:《最高法院研究》，法律出版社 2004 年版。

18. 刘登高:《品读法官》，人民法院出版社 2003 年版。

19. 梁彗星:《裁判的方法》，法律出版社 2003 年版。

20. 吴卫军:《司法改革原理研究》，中国人民公安大学出版社 2003 年版。

21. 肖扬:《中国刑事政策和策略问题》，法律出版社 1996 年版。

22. 熊继宁:《差异、变化与耦合——香港、澳门公务员系统与国家公务员系统比较研究》，中国政法大学出版社 1999 年版。

23. 苏力:《道路通向城市——转型中国的法治》，法律出版社 2004 年版。

24. 梁治平:《法意与人情》，中国法制出版社 2004 年版。

25. 左卫民、周长军:《变迁与改革——法院制度现代化研究》，法律出版社 2000 年版。

26. 韩波:《法院体制改革研究》，人民法院出版社 2003 年版。

27. 陈灿平:《司法改革及相关热点探索》，中国检察官出版社 2004 年版。

28. 项飚:《跨越边界的社区——北京"浙江村"的生活史》，生活·读书·新知三联书店 2000 年版。

29. 吕世伦主编:《法的真善美——法美学初探》，法律出版社 2004 年版。

30. 肖扬主编:《各国宪法关于司法体制的规定》，人民法院出版社 2003 年版。

31. 周道鸾主编:《外国法院组织与法官制度》，人民法院出版社 2000 年版。

32. 范愉主编:《司法制度概论》，中国人民大学出版社 2003 年版。

33. 最高人民法院司法改革小组编:《美英德法四国司法制度概况》，韩苏琳编译，人民法院出版社 2002 年版。

34. 宋冰主编:《读本:美国与德国的司法制度及司法程序》，中国政法大学出版社 1998 年版。

35. 何家弘主编:《中外司法体制研究》，中国检察出版社 2004 年版。

36. 吕中梅总主编:《美国法官与书记员手册》，法律出版社 2005 年版。

37. 西北政法学院法制史教研室:《中国近代法制史资料选辑》（第一辑至第三辑），1985 年 2 月。

38. 何兰阶、鲁明健主编:《当代中国的审判工作》（上），当代中国出版社 1993 年版。

39. 毕玉谦主编:《司法审判动态与研究》(第 2 卷第 2 集),法律出版社 2004 年版。

40. 胡锡庆主编:《司法制度热点问题探索》(第一卷),中国法制出版社 2002 年版。

41. 苏泽林主编:《法官职业化建设指导与研究》(2003 年,第 1 辑),人民法院出版社 2003 年版。

42. 万鄂湘主编:《中国司法评论》(2003 年春之卷),人民法院出版社 2003 年版。

43. 夏勇主编:《走向权利的时代——中国公民权利发展研究》(修订版),中国政法大学出版社 2000 年版。

44. 郑杭生主编:《社会学概论新修》(第三版),中国人民大学出版社 2003 年版。

45.《中华人民共和国第五届全国人民代表大会第三次会议文件》,人民出版社 1980 年版。

46. [美] 艾尔·巴比:《社会研究方法基础》(第八版),邱泽奇译,华夏出版社 2004 年版。

47. [美] 彼得·G. 伦斯特洛姆主编:《美国法律辞典》,贺卫方等译,中国政法大学出版社 1998 年版。

48. [美] 约翰·亨利·梅利曼:《大陆法系》(第二版),顾培东、禄正平译,法律出版社 2004 年版。

49. [美] 落斯科·庞德:《普通法的精神》,唐前宏、廖湘原译,法律出版社 2001 年版。

50. [美] 哈罗德·J. 伯尔曼:《法律与革命——西方法律传统的形成》,贺卫方、高鸿钧、张志铭、夏勇译,中国大百科全书出版社 1993 年版。

51. [英] 沃克:《牛津法律大辞典》(中译本),光明日报出版社 1988 年版。

52. [英] 霍布斯:《利维坦》,黎思复、黎廷弼译,商务印书馆 1985 年版。

53. [法] 托克维尔:《论美国的民主》(上卷),董国良译,商务印书馆 1988 年版。

54. ［法］托克维尔:《旧制度与大革命》,冯棠译,商务印书馆 1992 年版。

55. ［法］迪尔凯姆:《社会学方法的准则》,狄玉明译,商务印书馆 1995 年版。

56. ［法］涂尔干:《自杀论》,冯韵文译,商务印书馆 2001 年版。

57. ［日］妹尾河童:《窥视日本》,陶振孝译,生活·读书·新知三联书店 2005 年版。

58. ［英］威尔弗雷德、波雷斯特:《欧美早期的律师界》,傅再明、张文彪译,中国政法大学出版社 1992 年版。

59. 张志铭:《法理思考的印记》,中国政法大学出版社 2003 年版。


**二 中文论文**

1. 孙宁:《论司法公正与法官的司法人格素质》,《中共郑州市委党校学报》2005 年第 4 期。

2. 马骊:《法官制度,提高法官素质——访谢勇谈司法改革的现实切入点》,《民主》2005 年第 10 期。

3. 唐志容:《从立法语言的模糊性特点看司法活动中的法官素质》,《南京审计学院学报》2005 年第 2 期。

4. 赵军:《保持党员先进性　塑造高素质法官队伍》,《当代贵州》2005 年第 7 期。

5. 高峰岭:《打造一支高素质的职业化法官队伍是司法能力建设的根本》,《山东审判》2005 年第 1 期。

6. 欧长生:《努力建设学习型法院　切实提高法官素质》,《中共乐山市委党校学报》2004 年第 3 期。

7. 刘淑华:《法官队伍素质建设刍议》,《人才开发》2004 年第 8 期。

8. 兆丰:《丰富审判理论　提高法官素质》,《人民司法》2004 年第 5 期。

9. 苏力:《法官素质与法学院的教育》,《法商研究》2004 年第 3 期。

10. 王娟:《中国法官素质亟待提高——从英国法官的贵族精神谈起》,《中国成人教育》2004 年第 4 期。

11. 孙洪坤:《法官素质与司法公正》,《中共长春市委党校学报》2004 年第 1 期。

12. 冯军:《德性、知识、理性、经验——法官的素质解读》,《学习与探索》2004 年第 1 期。

13. 李玉晶：《关于提高基层法官素质的思考》，《延边党校学报》2003 年第 6 期。

14. 邓焱：《证据法与法官的素质》，《湘潭大学社会科学学报》2003 年第 1 期。

15. 郭江涛：《论法官的社会性与法官素质的提高》，《甘肃农业》2003 年第 12 期。

16. 郭志祥：《法治视野中的法官素质》，《江苏警官学院学报》2003 年第 1 期。

17. 王明新：《论法官的素质》，《法律适用》2003 年第 Z1 期。

18. 王新明：《提高主体素质：法官职业化建设的关键》，《法律适用》2003 年第 Z1 期。

19. 周桂珠：《论法官的素质》，《中国司法》2003 年第 4 期。

20. 兆丰：《提高法官素质　促进审判高效运行》，《人民司法》2003 年第 10 期。

21. 蔡晖：《法官职业素质：从经验型到知识型》，《人民司法》2003 年第 10 期。

22. 高峰岭：《锻造一支学习型、与时俱进的高素质法官队伍》，《山东审判》2002 年第 2 期。

23. 欧长生：《浅析"入世"对法官职业素质的要求》，《中共乐山市委党校学报》2002 年第 2 期。

24. 泽文：《千里马常有，伯乐亦常有——读肖扬"实践三个代表思想造就高素质法官队伍"有感》，《中国对外贸易商务月刊》2002 年第 2 期。

25. 宋建朝：《努力建立一支高素质法官队伍》，《中国律师》2002 年第 4 期。

26. 李世军：《浅谈我国法官应具备的素质及修养》，《山东省农业管理干部学院学报》2002 年第 3 期。

27. 陈异慧：《法官素质与司法公正》，《商丘师范学院学报》2002 年第 6 期。

28. 潘春玲：《严格法官资格取得制度　提高法官素质》，《柳州职业技术学院学报》2002 年第 3 期。

29. 郭荣辉:《关于提高我国法官素质的思考》,《湖南医科大学学报》（社会科学版）2002 年第 2 期。

30. 毛瑞江:《浅谈提升法官队伍素质》,《黑河学刊》2002 年第 5 期。

31. 《尉健行考察国家法官学院时指出要加强法官教育培训工作建设高素质职业化法官队伍》,《中华人民共和国最高人民法院公报》2002 年第 6 期。

32. 周道鸾:《建设一支高素质的职业化的法官队伍是贯彻独立审判原则实现司法公正的关键》,《北京市政法管理干部学院学报》2002 年第 3 期。

33. 刘雪斌:《论社会主义法治国家法官的应有素质》,《山西财经大学学报》2002 第 S2 期。

34. 杨玉兰:《浅谈法官职业素质的提高》,《人民司法》2002 年第 10 期。

35. 许前飞:《再论中国法官的素质》,《人民司法》2002 年第 1 期。

36. 周宏军:《论法官素质与司法公正》,《湖南师范大学社会科学学报》2002 年第 4 期。

37. 征跟东:《法官的素质》,《南风窗》2001 年第 6 期。

38. 陈忠仪:《搞好法官教育培训　提高法官综合素质——上海法官培训工作走上制度化、规范化的轨道》,《人民论坛》2001 年第 8 期。

39. 秦小娟:《谈法官队伍素质的提高》,《遵义师范学院学报》2001 年第 4 期。

40. 杨国栋:《谈法官的执法形象与素质修养》,《政法论丛》2001 年第 2 期。

41. 凌霄:《中国需要什么样的基层法官——基层法官素质透视》,《山西高等学校社会科学学报》2001 年第 1 期。

42. 陈卫东:《司法公正根植于法官的职业道德素质》,《南通师范学院学报》（哲学社会科学版）2001 年第 4 期。

43. 谢炳清:《论司法公正与法律职业素质——兼论〈法官法〉与〈检察官法〉的修改》,《南方冶金学院学报》2001 年第 6 期。

44. 李向阳:《法官素质与司法公正》,《洛阳师范学院学报》2001 年第 4 期。

45. 邓云:《论法官的道德素质与司法公正》,《湖南省政法管理干部学院学报》2001 年第 1 期。

46. 马力群：《提高法官素质　实现司法公正》，《辽宁公安司法管理干部学院学报》2001 年第 2 期。

47. 蒋惠岭：《提高法官自身素质的义务——司法职业道德基本准则之七》，《法律适用》2001 年第 8 期。

48. 王志平：《关于提高法官队伍素质的思考》，《东方论坛》2001 年第 4 期。

49. 许前飞：《中国法官素质评析》，《人民司法》2001 年第 9 期。

50. 王晨光：《保障法官素质的标准和方法：法官资格考核与培训》，《法律科学》2001 年第 5 期。

51. 崔进文：《法官素质与司法公正》，《山西省政法管理干部学院学报》2000 年第 4 期。

52. 《全国法院教育培训工作会议在京隆重召开　尉健行在会议上强调——加强教育培训　提高法官素质　确保司法公正》，《中华人民共和国最高人民法院公报》2000 年第 5 期。

53. 姜春兰：《从民事审判方式改革谈提高法官的法律素质》，《政法论丛》2000 年第 1 期。

54. 李小侠：《试论法官素质与其保障机制》，《信阳师范学院学报》（哲学社会科学版）2000 年第 4 期。

55. 刘来福：《提高法官素质　维护司法公正》，《探索与求是》2000 年第 11 期。

56. 程宗璋：《论司法公正的实现与法官素质改良》，《三明高等专科学校学报》2000 年第 S2 期。

57. 蔡联海：《当前法官素质现状及提高策略》，《广西政法管理干部学院学报》2000 年第 S1 期。

58. 李爱君：《法官素质与司法公正》，《中央政法管理干部学院学报》2000 年第 1 期。

59. 肖扬：《加强教育培训，建设高素质法官队伍——在国家法官学院高、中级法院副院长进修班结业典礼上的讲话》，《法律适用》2000 年第 5 期。

60. 朱江：《论民事经济审判方式改革对法官素质的内在要求》，《法律适用》2000 年第 1 期。

61. 李汉昌：《司法制度改革背景下法官素质与法官教育之透视》，《中国法学》2000 年第 1 期。

62. 苏力：《基层法官的司法素质——从民事一审判决上诉率透视》，《法学》2000 年第 3 期。

63. 宋喜连：《高素质的法官队伍是实现司法公正的关键》，《政府法制》1999 年第 7 期。

64. 毕惠岩：《法官素质与独立审判原则的实现》，《山东审判》1999 年第 4 期。

65. 黄永维：《法官职业素质随想》，《中国律师》1999 年第 9 期。

66. 赵国梁：《对提高我国法官队伍素质的几点思考》，《中共山西省委党校学报》1999 年第 3 期。

67. 曲颖：《论法官素质》，《人民司法》1999 年第 11 期。

68. 杨润时：《提高主体素质：司法公正的基本保证——关于加强法官队伍建设的思考》，《人民司法》1999 年第 1 期。

69. 《以人才理论为指导　造就一支高素质法官队伍》，《山东审判》1998 年第 8 期。

70. 王宾洁：《以公正执法为核心　建设一支高素质的法官队伍》，《山东审判》1998 年第 7 期。

71. 丁义军：《抓好集中教育整顿　建设高素质法官队伍》，《山东审判》1998 年第 5 期。

72. 李浩：《法官素质与民事诉讼模式的选择》，《法学研究》1998 年第 3 期。

73. 李鹏：《增强法官素质，加快审判方式改革》，《新疆警官高等专科学校学报》1997 年第 3 期。

74. 张玉凤：《论法官的自身素质与司法》，《西北第二民族学院学报》（哲学社会科学版）1997 年第 3 期。

75. 孙艳：《新刑事案件审判方式对法官素质的要求》，《黑龙江社会科学》1997 年第 1 期。

76. 任群先：《司法公正文明与建设高素质的法官队伍》，《山东审判》1996 年第 12 期。

77. 霍力民：《关于建设高素质法官队伍的几个问题》，《山东审判》1996 年第 11 期。

78. 邹梅清：《以"刻不容缓"的紧迫感努力建设高素质的法官队伍》，

《山东审判》1996 年第 10 期。

79. 张乃镛：《提高"两个素质"　努力造就一支优秀法官队伍》，《山东审判》1995 年第 9 期。

80. 任群先：《保证法官素质　提高司法水平》，《山东审判》1995 年第 6 期。

81. 宋培章：《浅论法官的素质》，《政法论丛》1995 年第 5 期。

82. 高晓凌：《从提高法官素质到提高法官地位》，《法律适用》1995 年第 6 期。

83. 曹香达：《谈庭审制度改革中法官应具备的素质》，《理论探索》1995 年第 2 期。

84. 胡健华：《试论法官的素质及其保障——法院改革探讨之二》，《人民司法》1992 年第 9 期。

85. 童平宇：《简论法官的业务素质》，《人民司法》1986 年第 1 期。

86. 刘南平：《法学博士论文的"骨髓"和"皮囊"》，《中外法学》2000 年第 1 期。

87. 巩富文：《应当创立一种新的学科——法官学》，《西北大学学报》（哲学社会科学版）1995 年第 3 期。

88. 庞小菊：《治安法官制度及其借鉴意义》，《黑龙江省政法管理干部学院学报》，2006 年第 1 期。

89. 陶珂宝：《日本和法国的法官惩戒制度简介》，《法律适用》2003 年第 9 期。

90. 俞甲乙编译《美国联邦及各州司法惩戒制度》，《法律适用》2003 年第 9 期。

91. 蒋惠岭：《论法官惩戒程序之司法性》，《法律适用》2003 年第 9 期。

92. 王进喜：《美国律师协会〈司法行为示范守则〉（1990）评介》，《中外法学》1999 年第 4 期。

93. 洪立：《与美国联邦法官马克·沃尔夫对话》（上），《小康》2004 年第 6 期。

94. 季卫东：《世纪之交日本司法改革述评》，《人民法院报》2001 年 11 月 5 日。

95. 刘岚、杨浙京：《红都溯源》，《法制日报》2001 年 6 月 28 日。

96. 侯欣一：《陕甘宁边区高等法院司法制度改革研究》，《法学研究》

2004 年第 5 期。

97. 何勤华：《关于新中国移植苏联司法制度的反思》，《中外法学》2002 年第 3 期。

98. 《法官法检察官法实施十年我国法官检察官整体素质不断提高》，《人民日报》2005 年 7 月 17 日。

99. 《当事人败诉自杀　法官受审　一审判决法官无罪》，《南方都市报》2003 年 12 月 5 日。

100. 范愉：《法律家素质及法律教育刍论》，《人大法律评论》2000 年第 2 辑。

101. 范愉：《从司法实践的视角看经济全球化与我国法制建设——论法与社会的互动》，《法律科学》2005 年第 1 期。

### 三　英文著作、论文

1. David Stout, "Why does this page look this way"? *The New York Times*, July 26, 2005.

2. Jacqueline Lucienne Lafon, *Judicial Misconduct : A Cross – national Comparison*, University Press of Rlorida, 1996.

3. O. W. Homes, *The Common Law*, ed . M. Howe（Boston：Little Brown）, [1881] 1963.

4. Mary L. Volcansek, etc, *Judicial Misconduct : A Cross – national Comparison*, University Press of Florida, 1996.

5. Rod Morgan and Neil Russell, *The Judicial in the Magistrates' Courts* , Prepared for：*The Home Office & The Lord Chancellor's Department*, 2000.

6. Judge, *decide（a case）in a Court of Law. Judge*, *a Public Official Appointed or Elected to Decide Cases in a Court of Law. 1001 Legal Words You Need to Know*, Oxford University Press, 2003.

7. Daniel John Meador, *American* Courts, West Publishing Co, 1991.

8. Jethro K. Liebreman, *The Role of Courts in American Society—the Final Report of the Council on the Role of Courts*, West Publishing Co. 1984.

9. Jeffrey K. Sawyer, "Judicial Corruption and Legal Reform in Early Seventeenth – Century France", *Law and History Review*, Spring 1988, Vol. 6.

10. Henry Abraham, *The Judicial Process*, Oxford University Press, 1993.

11. Sir Thomas Legg QC, "The Management of the law", 29 *Bracton Law Journal*, 1997.

12. Wilfrid Prest, "Judicial Corruption in Early Modern England", *Past and Present*, 133 (1991).

13. Maitland, *Constitutional History of England* (Cambridge, 1911), Baker, *An Introduction to English Legal History*, 3rd ed., London, 1990.

14. J. L. Waltman. K. M. Holland, *The Political Role of Law Courts in Modern Democracies*, Macmillan Press, 1988.

15. Richard L. Pacelle Jr, *The Transformation of the Supreme Court's agenda*: *From the New Deal to the Reagan Administration*, Westview Press, 1991.

16. Christian Dadomo, Susan Farran, *The French Legal System*, Sweet & Maxwell, 1996.

17. Jean Laquidara Hill. Telegram & Gazette, "Forum on judicial quality to be held at Dudley court", *Worcester*, *Mass.*, Feb 25, 2004.

18. "Judicial Tyranny Is Greater Concern Than Terrorism", *Church and State. Silver Springs*, Mar 2005. Vol. 58.

19. Kenneth M. Holland, *Judicial Activism in Comparative Perspective*, St. Martin's Press, 1991.

20. Lawrence M. Friedman, *A History of American Law* (Sccond Edition), Simon & Schuster, 1985.

#### 四　其他参考资料

1. 陈海光：《中国法官制度研究》，中国政法大学博士学位论文，2002 年 4 月。

2. 张勇：《中国古代司法官责任制度及其法文化分析》，中国政法大学博士学位论文，2002 年 3 月。

3. 付池斌：《美国现实主义法学理论研究：以司法裁判为视角》，中国人民大学博士学位论文，2006 年 4 月。

4. 陆而启：《法官角色论》，中国人民大学博士学位论文，2006 年 5 月。

5. 蔡琳：《裁判的正当化：法律论证理论及当代中国法院裁判书的分析》，中国社会科学院博士学位论文，2006 年 5 月。

6. 中国社会科学院语言研究所词典编辑室编：《现代汉语词典》，商务印书馆 1983 年版。

7. 《人民法院报》。

8. 《人民日报》。

9. 《法制日报》。

10. 历年最高人民法院工作报告。

11. 中国法院网（http：//www. chinacourt. org）。

# 索　引

# 后　记

　　这本著作是我的博士论文，以下是九年前的致谢，反映了当年我写完博士论文的心境。

　　因为答辩，历时十三个月的论文写作现在可以暂时停顿下来，但更多的问题才刚刚开始思考。

　　现在看来，法官素质问题是一个相当复杂的问题，无论理论上还是实践上都存在需要深入研究的问题点。写作前，与许多人一样，我也认为对从事法理学研究的人而言，这是一个小题目。真正着手之后，我才发现此问题真似"一面多棱镜"，折射出当代中国司法乃至社会领域的诸多问题。因此，一篇博士论文无法承载所有问题的研究，只能在有限的范围对某些问题进行稍微深入的探讨。即便如此，此过程也充满艰辛，一开始就如在暗夜里行路，只能隐隐约约看到前方缥缈的灯光，但却不知如何到达那里。

　　幸运的是，一路上有许多人不断给我以有力的支持、真诚的鼓励与无私的帮助。没有他们的爱与智慧，单凭一己之力，我是无法走完这一路程的。我不是一个特别善于表达情感的人，因此，在这里只能用文字方式表达长久以来在自己内心中积聚的对他们深深的谢意。

　　感谢我的博士生导师范愉教授。这篇论文的写作倾注了她非常大的心血，从论文的整体思路、结构、观点乃至行文，范老师都提出了对当时处于写作状态中的我而言振聋发聩的建议与意见。如果日后此文在学术上的努力能获得学界的认可，则是与她的悉心指导分不开的。几年来，范老师给予我的教诲不仅是学术方面的，更是做人方面的。从她身上，我看到了一位教师应当怎样通过言传身教使自己的学生在各方面一点点的进步。我想今后自己的为人处事必然会打下她的这种教育方式的烙印。

感谢朱景文教授。论文的选题最初就是朱老师提供给我的。博士一年级，我反思将近十年的法律学习历程，深感自己对司法实践不了解。为弥补这一缺憾，我决定去法院调研。朱老师很赞同这一想法，但同时提醒我下去必须要带有问题意识。见我对此一片茫然，朱老师便说你去调查一下法官素质究竟低不低。虽然最终调研并未成行，但法官素质问题却在我脑海中扎了根，从此挥之不去。从那时起自己便开始有意识对这一问题的研究做知识与理论上的准备，由此算来，博士论文从酝酿到写作已有三年时光。平日里朱老师作为敦厚长者，友善和气，但一旦涉及学术等原则问题，他却异常认真与严厉。这种为人为学的态度，将是我今后终生努力的方向。

感谢吕世伦教授。选题刚刚确立之初，我在思路上毫无头绪，吕老师的点拨启发了我后来的写作。早在本科阶段我便开始阅读他的书，知道他是法学大家，对他非常景仰。来京后才发现这位前辈不仅学识渊博，而且平易近人，对学生关爱有加，比如，一次他听说我生病，托人送来一束鲜花，祝我早日康复，至今想来心中仍然暖融融的。

感谢孙国华教授。开题时他从我的阐述中，敏锐地觉察了我在当时尚不明确的写作重点，建议在题目前加上"当代中国"。几番修改，题目也反复更换多次，最终我听取了孙老师的建议。那年他在病榻上谈及平生治学时的谆谆教导，对我而言将惠泽终生。

感谢朱力宇教授。开题时朱老师针对我试图建立测量法官素质状况指标的设想，指出中国不同地区发展的差异性将会增加落实这一设想的难度。现在来看，这一及时提醒使我在写作之初就避免了走弯路。在整个写作过程中，朱老师始终关注着我的进展，用他特有的方式给予我鼓励与支持。几年的相处，印象最深的是他身上的那种亲和力以及乐观精神，这种人生境界是自己日后需要不断追求的。

感谢史彤彪教授给我提出的大纲篇章结构需要调整的意见，他的意见使我在写作过程中非常注意行文的表达与逻辑的安排。感谢张志铭教授，他提出的法官素质问题研究要注重社会实证的建议促使我在行文即将结束之际又做了一次补充性调研，这次调研深化了我对相关问题的认识。

感谢刘作翔教授。对论文范围作出明确的限定就是刘老师最早提醒我的。而他在文章的写作表述方面给予我极大的帮助。具有丰富写作经验的他，从阅读者的角度出发，极其精确地指出我的文字表达与真实想法之间的不一致。他对论文题目与目录一个字一个字作出分析，给我提出中肯的修改建议。刘老师的这一工作对论文而言起到了画龙点睛的作用。当年我读硕士的时候，刘老师作为导师组成员之一，一再教导我们为学要严谨。这一教导至今对我影响深刻，今后仍将是我在学术上恪守的原则。

感谢中国人民大学法学院的冯玉军老师、杨晓青老师、张曙光老师、黄晓蓉老师，这几年他们从不同方面给予我诸多帮助。

对我而言，能够读到博士阶段，是和从小到大各个时期诸多老师的教育分不开的。但让我不安的是，自己已经淡忘了很多老师，甚至其中不少老师的名字起始就不知道。我的启蒙老师骆老师，我只知道她的姓，不知道她的名。在我的心智还是空白一张纸的时候，骆老师给我播下了做人要正直、认真的种子。小学的第二位班主任曾老师，我也同样不知道她的名字，但一想起她来，心里就很温馨。与骆老师的严厉不同，曾老师对我们非常和善，即使生起气来，也让人不感觉害怕。到了中学，刘英琦老师的影响使从小偏爱数学的我转向文科，而且从此再未将兴趣转变回来。还有已经忘记姓名的初中政治老师与物理老师，高中历史老师罗少波……正是这些老师点点滴滴的培养，我才能够进入大学的门槛。

大学老师与以往老师最大的不同之一，或许就是在思想上对学生的启发更大。本科阶段的老师我都没有忘记，尤其下面几位老师更是不能忘记：政治经济学老师李省龙教授，这些年若没有他和他的夫人刘菲教授持久的鼓励与帮助，我是难以走到今天的。法制史老师杨永华教授，作为国内革命根据地法制的专家，杨老师对本文历史部分的写作给出了权威性的指导意见。法理学老师葛洪义教授，当年高考录取时我遭遇了人生的首次不公，和自己理想的大学与专业擦肩而过，阴差阳错地进入法学专业学习，葛老师的法理学教授让那时处于人生低谷的我看到了未来的希望。正是在他的课堂上，我逐渐感到了法学的魅力，对法理学产生了浓厚的兴趣，最终选定其作为继续深造的专业。之后我幸运地成为葛老师直接指导的硕士生。硕士三年的学习，在他的耳提面命之下，打下扎实的专业基础，而这对我日后工作与博士阶段的学习帮助极大。硕士阶段，不能忘记的还有马朱炎老师、邵诚老师、许俊伦老师、严存生老师、杨宗科老师、段秋关老师。

师恩难忘，不能忘的还有同学朋友情。

三年来，高中对我的帮助几乎是全方位的，尤其在学术上，他作为公认的我们这一级学术最成熟的同学，全程陪同我完成了论文写作。包括思路、术语、写作步骤乃至最终的英文摘要等诸多方面，他都提供了极大的帮助。冉井富师兄的建议，使我的开题报告得以顺利通过。而文章中关于案件数量的统计图表，则是在他主笔下我们合作科研的成果。周静作为我大学时代的朋友，多年来每当我处于重大的人生转折时，都会给予我非常及时的帮助。这次写作，他运用多年培养起来的深厚的哲学功底，帮我解决了理论归纳等难题。法院工作的大学同学姚斌在我开题后思路尚不清晰之际便直言不讳颠覆了选题的意义，但见我"冥顽不化"后，又积极为我提供了大量法院工作的经验性描述以及文件资料。大学同学汪啸按照我的嘱托，几次费心费力地帮我搜集实证资料，虽然最终未被使用，但老同学的情谊却让我感动。大学同学许秀丽及我的朋友史少鹏在各自学校帮我进行问卷调查，是论文最后一章的重要组成部分。硕士同学刘治斌，多年来兄长般的帮助在此次论文写作中再一次得以体现，当我仅仅对选题萌生念头的时候，他就预言了论文最终的形式，即不会是完全田野调查性质的。

感谢博士师弟彭小龙，他多次与我交流反复阅读并校对论文，凭借他扎实的理论法学与诉讼法学的基础，以及让我汗颜的写作基本功，给我提出了诸多建设性意见。他的工作无疑对论文最终的理论提升与文字润色帮助极大。

感谢李远龙博士，在后半年的写作期间，他看似平常的鼓励、关心与安慰，使我的写作压力得以及时释放。同时，他将多年积累的科研经验毫无保留地告诉我，并对论文写作提出了似乎微小实则重大的建议，而这对论文的最终成型意义重大。

感谢南京大学的吴英姿教授惠赠我博士论文电子版，她关于法院的田野调查对我的写作很有启发。

感谢刘臻荣、张小军、张国峰、任岳朋、刘坤轮、沈琦博士精心而认真的校对与有关行文的富有见地的修改建议。同时也感谢他们提出的促使我深思的问题。

还有下面很多人，这些人或者给我提出了很好的建设性意见，或者提供了技术性帮助，或者给予我舒适安宁的写作环境，或者多年来给予我很多帮助而我从未表达过谢意。他们是：阎章荣、赵辉、付池斌、徐宏亮、郭晓飞、俞飞、卓英子、曹磊、郑万青、裴智勇、金小鹏、张志勇、陈雄、沈跃东、夏正林、李征、屠振宇、姚小林、覃福晓、巫若枝、粟丹、刘湘琛、杨爱兵、陈群、马金芳、袁钢、杜红波、宋光明、孙文丰、孙育红、张炜达、李瑰华、王锋、黄西武、吴继陆、李欣、张保华、董红卫、刘远征、冯务中、赵旭、张晓红、刘霁新、刘硕、王泽功、梁兴国、朱继萍、蔡琳、雷扬、陆而启、李洁、李苗等。

感谢我的工作单位西北政法大学，博士在读期间我之所以能心无旁骛专心学习，是因为学校给我提供了足够的生活保障。

最后我要感谢我的家人。像大多数中国人一样，我深爱他们，却难以启口当面向他们表达这份爱。为了让我安心求学，三年多来，他们付出了很多，包括我刚刚一岁多的女儿，从出生起，她就善解人意，很少哭闹，她甜甜的微笑是我紧张写作中舒缓压力的最好的安慰剂。

"玉经琢磨多成器，剑拔沉埋更倚天。"我会继续努力的，今后一定不辜负老师、同学、朋友、家人这些年来的帮助与关爱，为家庭、社会与国家作出自己应有的贡献。

九年后，回看自己走过的路，仍然是心怀感恩。这九年，实际上我一直在努力，一直在践行着当年的承诺。在这个过程中，由于机缘巧合，我先到清华大学公共管理学院博士后流动站工作了两年三个月，之后从原单位调动到现单位北京社会管理职业学院（原民政部管理干部学院），从事民政事业教育工作。期间，经历了专业转型和研究领域的重新积累和拓展，个中滋味，如鱼在水中冷暖自知，但非常幸运的是，自己一路走来，仍然获得了周围许多人的无私帮助。本书的个别章节曾修改后在《中国政法大学学报》与《浙江工商大学学报》发表过，感谢两篇文章的责任编辑张灵老师与陶舒亚老师。感谢中国社会科学出版社将本书列为"中国社会科学博士论文文库"，感谢田文编辑的辛苦付出，没有她的努力，本书是难以在此时面世的。

在此时，我只想表达的是，我是不会停歇的，未来仍会将平生所学回报给社会和国家，为祖国更加美好而努力。